希波战争

〔英〕G.W.考克斯 著
于艳 译

THE GREEKS AND THE PERSIANS

A HISTORY OF THE GRECO-PERSIAN WARS

群言出版社
QUNYAN PRESS
·北京·

图书在版编目（CIP）数据

希波战争 /（英）G.W. 考克斯著 ; 于艳译. -- 北京 : 群言出版社, 2025. 6. -- ISBN 978-7-5193-1065-3
Ⅰ. K125
中国国家版本馆 CIP 数据核字第 2025L6R230 号

责任编辑：孙华硕
封面设计：刘树栋

出版发行：群言出版社
地　　址：北京市东城区东厂胡同北巷1号（100006）
网　　址：www.qypublish.com（官网书城）
电子信箱：qunyancbs@126.com
联系电话：010-65267783　65263836
法律顾问：北京法政安邦律师事务所
经　　销：全国新华书店

印　　刷：三河市九洲财鑫印刷有限公司
版　　次：2025年6月第1版
印　　次：2025年6月第1次印刷
开　　本：710mm×1000mm　1/16
印　　张：16.25
字　　数：195千字
书　　号：ISBN 978-7-5193-1065-3
定　　价：88.00元

序　言

希罗多德[1]在自己的作品中将希波战争史比作一部世界史。很多民族或是部落早在波斯帝国和唯一能抵抗它的对手（即希腊）交锋前便被波斯收服了。仔细去研究这些民族和部落的历史，我们可以发现很多有趣、翔实的故事。之所以会这样，也许是因为不管是在希腊部落还是其附近的东西方部落，此前都没有留下和其历史相关的文字记载。

在这本书里，我们只会在两种情况下提到那些非希腊民族，其一是讲述和希腊历史有关的事情，其二是需要用这些部落的特性来表明希腊和这些他们所认为的异族或蛮族的联姻关系。

波斯陆军和海军分别在普拉提亚和米卡尔（Mykalê）两战中的失利其实已经标志着希波战争的结束。在回顾这一段与东方专制主义和西方自由法制有关的重要斗争时，我会抽丝剥茧去寻找细节，虽然在漫长的历史中这些细节实在太过渺小，但它们一直存在，所以我们可以通过它们或多或少地揭开历史的真面目。简单来说，我想做的是让

[1]　希罗多德（约公元前480年—公元前425年），古希腊作家、历史学家，后世称其为“历史之父”，其代表作《历史》以波斯第一帝国为主线，详细讲述了其历史，也是西方文学史上首部完整流传至今的散文作品。——译者注

大家知道在什么方面可以信任历史，而不是去揭示有多少历史是毫无依据的。毋庸置疑的是，本书中所提到的一些事情是很难被佐证的，还有一些事情也已经被证明是假的了。大家可以根据我在书中所讲述的各种事情做出自己的判断。但值得一提的是，本书中所讲述的马拉松战役和列奥尼达攻打塞莫皮莱（即温泉关）的前因后果皆是根据希罗多德本人所说的内容而写。因此，书中所展现出的历史便对各党派之间纷争不休的起因和因雅典人的能力、英雄主义而起的斗争及其性质，都有着充分而清晰的光辉呈现。

希波战争，又称波斯战争，对后世产生了极大影响，也是我的希腊史首卷中的一部分内容。有关资料已经有了更新，很多历史内容也有了新的解读。我将写作重点放在了那些最具吸引力的并且带领雅典走向帝国之路的历史情景和相关人物上，这也是我所选择的最好的讲解方式，让大家可以直观地感受那场战争。在我看来，任何轻视年轻读者的阅读能力和理解力的做法都是大可不必的，因为不管是处于哪一个年龄阶段的读者，都会被精彩的历史场景和历史事实所打动。

在这里，我还要解释一下希腊语词的拼读问题：由于现在希腊语词的拼写已经是用正确的英语拼写形式表达，所以在本书中我不会改变希腊语词的拼写，我更希望诸如雅典、底比斯、科林斯、色雷斯等的正确拼写情况会越来越多。

本书中将会保留诸如修昔底德、居鲁士等拉丁语的拼写方式，以英语为母语的人对此也是极为熟悉，若是强行去改变拼写方式，反倒会让人觉得不适应。事实上，我们所提到的这些姓氏并非纯粹的拉丁语或是希腊语，所以再去计较用哪一种语言进行拼写都没有太大意义。而对于研究历史的学者专家而言，或许以波斯语来拼写这些单词会更有帮助，比如把 Hystaspes（希斯塔斯佩斯）拼写为 Gustashp（古斯塔什）等。

这些个别的特殊情况并不会影响希腊语的拼写原则，它们也有自己的用处。本书中的所有相关事件将会一直以我之前所提的拼写原则为准。不过，因为很多英语读者也许会对一些名称或是人物不大熟悉，所以虽然我们还是会使用 Alexander the Great（亚历山大大帝），但是他祖上的名字应该写为 Alexandros（亚历山德罗斯）。

从近年来所出版的研究希腊历史的作品中可以发现，虽然并不一定非要以希腊语的拼写方式为主，但这其实是一种比较公平的做法。以希腊语进行拼写可以帮助英语中的拉丁语词汇转换发音方式，很多语言学家也是认可这种方式的，所以在此我们不做赘述。其实用拉丁语讲述弗里吉亚的小城镇 Celanœ（克拉诺）时，年轻的读者很有可能会将其读作希腊语中的 Selênê（月亮）这个单词，它与希腊语 Kelainai（凯莱内）很相似，由此也会发现其实希腊语的发音与真正的拉丁语发音并无太大区别，比如 C 和 K 的发音相同，双元音 ai 和 fail（失败）中的 ai 发音一样，oi 和 ei 与 sheen 中的 ee 发音相同等。

目录

第一章

希腊文明的发展史

回顾历史长河我们可以发现，东方帝国要想占得一席之地，都只能进行开疆拓土。无数历史证明，征服的欲望必然带来自满，而奢靡和懈怠也必将带来政权的衰落。严肃说来，如果一国的百姓没有国民生活，无法提升自己的智力，也没有个体独立的追求，那么这个国家的前景将是一片黑暗。国内若是将帅放肆、士兵野蛮，那么文官和百姓将会受到打压，掌权者也只能依靠上一辈所打下的根基来维持现在的繁华。不过，假设此时有一个人从这样的掌权者手上夺取了大权，而他本身和这个掌权者一样不负责任的话，那么这种江山易主的情况其实是无法改变国家现状的。那些同开国之君一起打下江山的大臣们将会为皇家效忠，成为家臣，可是一旦有外人夺得王权，他们也会俯首称臣。

波斯人（Persian）便是根据这种规律在公元前 6 世纪的时候一

跃成为东方最强者。古巴比伦[1]的掌权者成了尼尼微（Nineveh）[2]的统帅们的手下败将，而尼尼微则败于实力强悍的米底亚（Media）[3]的君王及其下属。不过米底亚人很快便察觉他们的领头人正面临着更厉害的对手，那就是波斯王居鲁士二世（Cyrus Ⅱ）[4]。而米底亚人之所以会束手就擒，并非因为缺乏粮草，而是因为冬季高原的寒流来袭。如此一来，伊朗（Iran）的战士们便征服了米底亚和吕底亚[5]，伊朗的富商们也用最大的热情替他们的君王成功地将巴比伦和埃及的财富据为己有。

由于拿下了吕底亚，波斯人可以接触到一些希腊部落，而这些部落的同宗部族基本定居于爱琴海西部一带，当时世界上最骄傲的世俗君王将会在这些部落身上得到最惨痛的教训，让他知道强行以暴力逼迫奴隶们上战场后，在遇到那些因为向往自由、法律而拿起武器作战

---

[1] 公元前2300年的古巴比伦是阿卡德帝国的乡镇，在幼发拉底河两岸；在公元前18世纪到公元前6世纪之间成为美索不达米亚地区的重要国家。——译者注

[2] 尼尼微在底格里斯河东岸，处于美索不达米亚平原地带，古亚述人曾居住于此。尼尼微是新亚述帝国的都城，在长达半个世纪的时间里都是世界上最大的城市。新亚述帝国的附属国——巴比伦、米底亚联军在公元前612年吞并了这里。——译者注

[3] 因为在公元前7世纪到公元前6世纪之间，这里的统治者是伊朗语族游牧部落米底亚人，所以将此处命名为米底亚，这里当时也是伊朗高原西北处的奴隶制国家。——译者注

[4] 居鲁士二世即居鲁士大帝，现在的伊朗人称其为“国父”。他先后攻下米底亚、吕底亚和新巴比伦三个国家，是强大的波斯帝国的开国之君。——译者注

[5] 吕底亚位于现在土耳其境内西部一带。在公元前1200年到公元前546年间，吕底亚是小亚细亚半岛上的一个古王国，之后被居鲁士二世收服，成为波斯帝国的一部分。——译者注

的人们时，他们将会溃不成军，同时也让他亲眼见到自由军队是怎样战胜因为利益而捆绑在一起的恶势力的。如此一来，欧亚之间的战斗究其本质就是井然有序的政府同杂然无序的专制统治之间，以及追求言思自由的法律之人和依靠暴力治国的蛮横君主之间的争斗。

若是波斯王在希腊获得了胜利，那么希腊就会像波斯帝国以前拿下的埃克巴塔纳（Ecbatana）[1]、巴比伦和孟斐斯（Memphis）[2]那样，境内皆是波斯人，专制的锁链将会从黑海岸边套到赫拉克勒斯大力神殿[3]上，欧洲的自由将不复存在。拜占庭[4]帝国的百姓们便是这样。

孟斐斯

[1] 埃克巴塔纳是公元前 8 世纪后期古米底亚王国的都城，位于现在的伊朗。——译者注

[2] 孟斐斯是古埃及的政治、文化、宗教中心，也是古埃及中古王朝时期的都城。据说是埃及第一王朝的首位君王美尼斯在公元前 3100 年左右建造的。—译者注

[3] 赫拉克勒斯是宙斯的儿子，古希腊的一些贵族世家自称是其后代。其神殿位于西西里岛西南的阿格里真托（古称阿克拉加斯）——译者注

[4] 拜占庭拼作Byzantium，古希腊城邦麦加拉在公元前658年在此建立殖民地，后改名为君士坦丁堡，如今被叫作伊斯坦布尔。拜占庭帝国便是在拜占庭的基础上建立的，也是中古欧洲历史上存在时间最久的专制君主制国家。——译者注

波斯王并没有意识到在他开疆拓土的道路上，任何障碍都可以绊住他的脚步。之所以这么说并不是凭空猜测，而是因为最开始对波斯王发起挑战且最终获胜的只是一群普通得不能再普通的“小镇上的人”，而非同他一样实力强悍的军队统领。他们宁愿受苦，也不愿得到同宗们的帮助，即使这些同宗一直都自称最讨厌侵略者。

波斯大军压境使得希腊的各个城邦惶惶不可终日，唯独雅典与众不同。历史学家希罗多德曾说过“雅典改变了这件事”，他也是唯一得出这一结论的人。希罗多德给后世留下了一个和战争有关的故事，可以说也是现代社会的典型范例。在塞斯托斯陷落、雅典帝国形成时[1]，希罗多德不过六岁。他一生专心致志地进行着各种考察研究，即使其无趣乏味，最终他终于了解到了波斯战争中的各种矛盾纠纷，也在雅典之前的历史中找到了战争的起因。显而易见的是战争的导火索是雅典庇西特拉图家族[2]的僭主政治被推翻，而其覆灭也是因为梭

希罗多德

[1]　塞斯托斯位于色雷斯半岛，是一个古希腊小镇。公元前478年，雅典军队攻陷塞斯托斯，将波斯势力赶回亚洲，同年冬天，雅典建立了提洛同盟。——译者注

[2]　雅典庇西特拉图家族（公元前546年—公元前510年），共有三位僭主，庇西特拉图、希庇亚斯、希帕克斯，他们继承了梭伦的改革，但最后希庇亚斯被放逐出雅典，进入波斯宫廷。——译者注

伦[1]在改革中极力打压了贵族世家的排外势力。这些世家霸占着阿提卡（Attiki）[2]，想要根据自己的规则来掌控国家大权。

这场改革是人类历史上最为重要的一次，其持续时间也十分长，卷入其中的氏族皆以身为希腊人[3]为傲，不过，最后的结局似乎不能证明此点。这场变革并非一帆风顺、扶摇直上，有时也会进入低谷期，离原始目标越来越远，可是这场运动确实大幅度提高了人类的精神水平，这是史无前例的。就其根本而言，这场变革是大部分人反对氏族的运动。氏族只是政治体系中的一小部分，根本没有权利去掌控一个国家。因此，法律赋予了每一个公民相应的权利去参与社会运作。若是说在这场变革中雅典是先驱者的话，那么这绝对不是因为他们有勇气先行，或者是拥有支配邻邦的绝对实力，也不是因为他们被称作“希腊人的领导”。

根据如今的定义来看，希腊确实算不上一个国家，也没有严谨的组织，它是由一个个独立的单元所形成的，而每个城邦的人都在怀疑、厌恶和嫉妒着这一切。在这段时间里，希腊的各城邦发展成了希腊社会的最后单元。此外，就整体而言，希腊人并未再前进一步。

波斯战争[4]导致雅典只能推行更加开明的政策。可是，雅典帝国

[1] 古希腊雅典城邦诗人、改革家、立法者，出生于一个没落世家。他在公元前 594 年担任雅典城邦的首任执政官一职，编撰法律，后世将其所推行的改革称为“梭伦改革”。——译者注

[2] 阿提卡位于希腊中东部地区，在公元前 13 世纪便有了独立居民点，政治中心是雅典，这里最为出名的产出则是橄榄果、无花果、葡萄。——编者注

[3] 希腊语中称其为赫楞人。——作者注

[4] 战后形成了以雅典为首的提洛同盟与以斯巴达为首的伯罗奔尼撒同盟。——译者注

的历史也是斯巴达[1]同盟强烈不倦的敌对史，他们全力反对将混乱的个体城邦的行动组织为共同秩序的所有努力。这种敌对摧毁了雅典的同盟，从那以后，希腊史就只是城邦间战争的记录，虽然在这个过程中希腊也曾获得一些权威，可这看起来更像是在威胁那些独立的周边国家。

其实，在波斯战争爆发前，希腊便是这个样子了，不过那时也是政治和智慧的发展期。只是希腊人没有发现这才是所有事物积极发展的前提，而这一发展最终是在大不列颠的土地上开出了最美的花。

当时还没有像希腊这样的国家，所以我们应该结合当时希腊每个部落的成长环境，这样才能解释最终为何会是这样。无论是推行独裁专制还是实施宪法上的自由，雅利安人[2]社会的所有形式都起源于一家一户分散的独立状态，我们可以说这种状态比野兽居于其兽穴好不了多少。这样的比喻并不算过分，因为我们不能忽略的是，我们可以将所有雅利安部落或国家的政治结构都追溯至村庄共同体的形成。这其中，每个房舍便不仅是一座城堡，而且还是一座不可侵犯的宫殿。经年累月所养成的排外习惯让各家各户保持独立，并且延续到当时的社会中，导致希腊或是拉丁城邦之间无法建立起沟通桥梁。

我们可以想象一下当时的情况：一名男子若是离开了自己的家族

---

[1]　古希腊的城邦，在伯罗奔尼撒半岛南边，其最为出名的则是严格的军事化管理和专制统治。在伯罗奔尼撒战争中，雅典成了斯巴达和其盟国的手下败将，希腊也被其收入囊中。但这一胜利果实没过多久便被刚崛起的底比斯夺走。随着马其顿的发展越来越好，斯巴达对希腊的影响力也逐渐消失。——译者注

[2]　位于俄罗斯乌拉尔山脉南边的草原上，是一个历史悠久的游牧民族。公元前2000年至前1000年间，雅利安人的不同分支分别迁徙至印度河上游流域、波斯、小亚细亚等地。雅利安语在19世纪的时候是印欧语的代名词。——译者注

范围，那么他在这世界上就是两手空空，什么都没有了，不过敌人是他唯一与生俱来且会持续拥有的。在面对这些宿敌时，他不会有任何恻隐之心，也不会手下留情，在战场上更是手起刀落，狠辣决绝。而在和平年间，他绝对不会让家人和外人联姻，在教育晚辈时也决不懈怠。可以说他在自己家中有着最高的地位，不管是妻子还是孩子都只能听从他的命令，可一旦离开了自己家，他便一文不值，毫无地位可言。正如前文所说，这个人就和被困在洞穴之中的野兽差不多。不过，早在人类最开始的时候，就知道要为生存而努力，活下去是他们的信念，而这一信念被刻进了人类的文明史中，也印在了人类的骨子里。所以为了存活下去，人类会促进事物向积极的方向发展。

在最初的时候，若是家中主人死亡，其妻子、奴隶都会被要求去殉葬，好在黄泉路上陪伴家主，让家主在死后依旧能够享受到生前的待遇。所以这位家主活着的时候处于说一不二的地位，死后依旧如此，并且会被当作家族的守护神，为后世子孙所景仰。不过，若是下葬之时出现了问题，那么这位家主的灵魂也难安息。因此，只可以让合法代表来为其举办葬礼，换而言之就是让他和结发妻子所生之子来举办葬礼，嫡子所拥有的绝对权力便是从家主手中继承而来的。因此，绵延子嗣便成了家族中最重要的事情。

婚姻是神圣不可侵犯的，男人必须履行这一义务，一旦他拒绝，就会失去公民权。夫妻婚后若是没有子女，那么就要举办一个隆重的收养仪式。不过需要说明的是这种收养是宗教意义上的，因此被收养者必须放弃原有的家庭和信仰，就像新婚妻子那样，进入一个新的家庭，并且遵守新家庭的信仰。其实，任何一位家主或父亲都不会知道别人家的家规，也不会认可他和家庭之外的别人在宗教意义上有任何关系。但是当其儿子慢慢长大，并且开始组建新的家庭后，原有家庭的范围一定会变大，逐渐形成家族，而家族中的每一个人都有着血亲关系，也会信奉着同样的神灵。这些家族就是之后的氏族的雏形，也就是希腊人所说的，具有同族血缘的族人或是兄弟。

在家族向氏族过渡期间，各氏族也许会结盟，这样便避免了因为冲撞了对方的信仰而刀剑相向的局面。不过这种结盟并不是在接受生人进入族中最为隐秘的信仰之地的基础上达成的，因为这是对信仰的亵渎，罪不可赦，而是通过最常见的结盟仪式扩大氏族范围，从而形成部落。而城中的部落也是在有着同样的宗教信仰的基础上，慢慢形成了联合，这同时也是政治发展中的局限性，但是希腊人并不愿意打破这一局限。

由此我们可以发现，宗教情结是古代雅利安人不可或缺的一部分。在市政厅或者是雅典的某一圣地上，圣火永存，其守护者绝对是本族人；任何部落[1]中都有一样的祭坛、仪式和神职人员；每个氏族的后代也都遵守着一样的规定；每个家庭的父亲都是家中的绝对领导者。因此，外人对于这个国家而言就像他们对于别人的家庭而言，并没有任何立足之地。也就是说，外人在这个国家中没有权力去守护别人，也没有权力保卫私人财产，也许他根本也没有真正的属于他的财产。所以外人在这里只会觉得痛苦不堪，当地人不会让他成为公民，也不会让他参与政治，因为这将是对信仰的亵渎和侮辱。

这种情况自然是不利于国家发展的，所以要想国家有所改变，只能祈祷领导者和其他人发生冲突或是开战。按照当时的局面来说，国家也无法找到最为方便的资源来建立绝对的权威。掌权者必须保证国家的司法拥有神圣不可侵犯的地位。而在民间，父亲之于家族宛如教

[1]　希腊人也将其叫作宗族。——作者注

皇之于基督教，一般来说拥有着绝对权力。所以家长权，即古罗马法律中所定义的父权并非希腊人首创，而是人类早期社会中的普遍情况。雅利安人不可能去废除相关法律法规，因此只能对其提出修正。于是我们便看到了前进中的两种斗争：一种是为了稳固自身地位，迫切地想建立起自己的权威的斗争，不过这终究是竹篮打水一场空；一种则是那些没有公民权的人拼尽全力去为自己争取相应的权利。第二种斗争让希腊史和更加惊心动魄的罗马史有了不一样的色彩，不再像东方历史那样索然无味。在东方世界里，人们即使是奋起反抗独裁者，最终也只会迎来新的独裁者，对于那些掌控国家大权的希腊贵族而言，其冲突大多是宗教方面的。地方官掌控着当地城市，其手中权力同家主一样，而两者的首要义务都是对神的，他们依靠着身份和血缘成为神的祭司，平民代表则是依靠平民的支持才能去争取平分贵族的权力。这对于世家大族而言，不仅有可能导致暴民的统治，而且还是对神的玷污。

可是对于有组织的社会而言，若是城镇发展不够迅速的话，那么就很难解决各城之间的沟通障碍。雅典在巅峰时期创建并维持帝国，但也未能减弱或是消除那些由来已久的偏见，尽管雅典确实将传统观念都抛诸脑后，建立了受到大众认可的专制政权。雅典努力将那些孤立已久的城市联络起来，建立一个完整的社会，希望每一个公民都能享受到法律平等所带来的权益。但雅典的这个做法引起了一些人的反感，因为他们排斥外邦人，觉得自己的法律受到了侵犯，而驱逐外邦人这种惩罚的严重程度不亚于死刑。但让人欣慰的是，在历史长河中，那些最无理的法律法规都逐渐被修正，各大城市中的自治小镇的联合也慢慢消除了宗教的排外习俗。

对于阿提卡来说，之所以能有这样一个好的转变，主要还是因为忒修斯（Theseus）[1]带来的联合，是他让面积略逊于英国一个郡的雅典一跃成为政治中心。不过希腊的总体情况一如往昔，没有发生任何变化。男人之间的结盟依旧是靠着血缘维持，和约克（York）[2]、布里斯托（Bristol）[3]、谢菲尔德（Sheffield）[4]、伯明翰（Birmingham）[5]的人一样，而在他们看来，

忒修斯

最高的特权是可以向对方开战。他们可以随心所欲地实施这种特权，并不需要三思而后行。之所以会有这种情况，是因为大家都遵循着同一个理论——社会的最终单元是城市。在这个理论中，城市将是男人的汇聚地，而每一位男性公民都会在城市的议会里立足，同时也享有

---

[1] 希腊传说中的雅典国王，著名改革家，被视为雅典的开国领袖，在神话中斩杀了牛头怪米诺陶斯。——编者注

[2] 约克位于英格兰北约克郡，于公元71年建立，是一座历史古城。——译者注

[3] 布里斯托位于英格兰西南地区，曾是古罗马的殖民地，后来航海家从这里出发，去探索新世界。——译者注

[4] 谢菲尔德位于英格兰南约克郡，是一个自治区，之前也是古罗马的殖民地。——译者注

[5] 伯明翰位于英格兰中西部地区，是一个自治区。在盎格鲁－撒克逊时期便有人居住于此，其山区一带则是防御外敌的天然屏障。——译者注

亚里士多德

立法和处理政务的权力。著名的公民大会（ecclesia）[1]便是这样的机构。但是对于像利物浦这种居民数量庞大的城市来说，如果将城中事务都交由政务会处理的话，一定会增加城市的管理难度。按照亚里士多德的观点来说，一座城市若是想建立健全宪法制度，那么其城市居民数量不可过多，也不可过少。

希腊人没有想到可以让男性将选票投给一名公民代表。在公民大会中没有立足之地的人，即使不是外邦人，也无法拥有政治权利。这样的待遇其实和外邦人或者是带着妻儿在斯基泰（Scythia）[2]沙漠流浪的野人没有什么区别了。

虽然希腊的部落依旧排斥外族、保持孤立，但是在人类现代史的开端时期，部落中开始流行属亲关系。这些人习惯性地称呼自己为希腊人，这使得他们和别的部落有所不同，对此我们可以从广义上称其为“国民性”。而这些人之间的联系枢纽应该是语言，按照当时的情

[1]　古希腊城邦国家的最高权力机构。早在忒修斯进行改革前，雅典便已经有公民大会了。改革后，实际国家权力掌握在国王手中，后又为贵族所控制。——译者注

[2]　位于古代欧亚大陆的中部一带，伊朗东边的斯基泰人在这里定居。古希腊语的斯基泰是指欧亚东北边以及黑海北岸的全部地区。——译者注

况分析，各部落的宗教同希腊人的信仰是大同小异的。假设他们所信奉的是同一位神灵，那么唯一的差别可能是各部落对这位神灵的称呼不一样，不过希腊人对此肯定是持怀疑、抗拒的态度。也许如希罗多德这种家教良好的旅行家和历史学家会有足够的兴趣去研究埃及神职人员的叙述，这种叙述会让历史学家相信黎明女神雅典娜（Athena）[1]这个名字就是将埃及神奈斯（Neith）[2]的名字反过来读而已，不过他的国民自然是不会相信这一说法的。即使希腊人不了解语言和名字，他们也马上就能察觉到不对。希腊人的直觉很准，所以即使听不懂对方在说些什么，也能从其话语间感觉到亲疏内外。如果一个人所说的话让希腊人完全听不懂，那么这个人一定是野蛮人，所说的也是野蛮话，即使同某些后天加入希腊语的部落语言相比，他

雅典娜

[1]　雅典娜在古希腊神话中代表着智慧，是奥林匹斯十二主神中的一员。希腊在早期的时候将其视作纯洁和光明的代表。——译者注

[2]　古埃及神话中的战争和狩猎女神。——译者注

说的语言和希腊语近乎同源。希腊人并不了解语音变化的规律，只能依据声音来辨别。可因为每种语言的词语发音相差甚大且种类繁多，所以只根据说话来判断对方的意图并不可行。不过他们通过这种无知的做法得到的结论对于政治而言则是特别重要，它代表着波斯战争将是希腊人和野蛮人的交锋，或者说这就是已经掌握了明智语言的人类和原始且野蛮的落后人之间的较量，后者说话时就像是愚蠢的动物一样。

虽然希腊部落的语言和宗教比较相似，但是希腊最落后和最发达的两个部落之间还是存在着极大的社会和智力上的差距，使得将他们进行对比变得不可能。然而若将希腊部落同亚洲帝国的百姓做一个对比，大家一定会发现他们之间的差别，而这正好能证明之前所提到的希腊人的国民性。

对于亚述人（Assyrian）[1] 和波斯人而言，人类的身体不过是他们可以肆意践踏和侮辱的物品而已，他们享受着别人在他们面前虔诚叩拜，也习惯于将他人用以献祭于神灵。在他们眼中，女人就是奴隶，孩子则是他们可以进行交易的私人财产。而希腊人没有这种糟糕观念，他们害怕挖人双眼、割人双耳、削人鼻骨这些惩罚。

从其他方面来看，东方人对赤身裸体很是排斥，觉得其有伤风化，希腊人则是坦然接受，并且欢欣雀跃。从各种力量和技能的比拼中，便能发现希腊人对于这种形体美的喜爱，并且还会依靠各部落之间以或独立或联合的方式来举办的各种节日活动，增强其与宗教联系的紧密性。也就是说这种尊重他人的态度是和道德上的自我尊重相辅相成

---

[1]　亚述人定居于西亚两河流域北边地区，有着 4000 年左右的历史，在上古时期推行军国主义，后来成立了亚述帝国，横跨亚非，风光无限。——译者注

的，他们不惧羞耻，也不会觉得这种做法是伤风败俗的行为。希腊暴君会请外国雇佣军来守护自己的安全，但是其臣民则时刻想着那些同类相残的悲剧，他们也醒悟过来，知道用这种波斯贵族式的崇拜去听从暴君的指令是可悲的。

在社会和智力教育方面，希腊人和其他周边邻里的差距极大。最初的时候，不管是家庭聚会还是活动地点都是定在灶台或是祭坛旁边。在部落与氏族、城邦与部落结合的方式逐渐流传开后，参与聚会的人也越来越多了。因为部落结盟都是纯宗教性质，就像同一宗系的氏族和部落，所以各部落人员聚在一起时也不会有什么冲突。那么，氏族聚会的规模也就远大于家庭聚会。奥林匹亚（Olympia）[1]、皮托（Pytho）[2]、提洛（Delian）[3]、尼米亚（Nemea）[4]等地因此也扬名于世。神职人员既可以在建筑规模较大的神殿中供职，也可以在其他宗教团体中任职。从大局上来看，节日活动虽然不能教育民众，但在某些方面，这些大型的节日活动有着极大的魅力，在希腊社会中盛行。希腊人所写的颂诗能让人心潮澎湃，朗诵者动人的声音、诗中优美的乐感等都是别的时期和国家所无法企及的。虽然希腊人在节日活动后会满心欢喜地回到家中，可是希腊人同英国人还是有所差距的。英国人觉得若是和周边邻里开战，这将是一件

[1]　奥林匹亚是著名的圣地，位于古希腊伯罗奔尼撒半岛上的伊利斯一带，奥林匹亚运动会便是在此诞生的。——译者注

[2]　古希腊的神殿之一，也是氏族聚会和活动的中心。——译者注

[3]　古希腊历史遗址，著名神殿之一，拥有着上千年历史。在希腊神话中，太阳神阿波罗和狩猎女神阿尔忒弥斯便是出生于此。——译者注

[4]　尼米亚位于希腊伯罗奔尼撒半岛东北一带，也是著名的古希腊氏族聚会中心。——译者注

不讲道义的事情；希腊人虽然以自己身份为荣，但也不想使自己城邦的独立消融在一个中央政府下，而后者会用共同行动替代永无止境的内讧、对立和战争。

希腊人已经开始看不起比城邦或大或小的政体了，可是其社会内部还是没有完全摆脱蛮夷之风。希腊境内也依旧保持着村庄社区制。斯巴达人以城市没有围墙为傲。历史学家修昔底德（Thucydides）[1]曾说过，斯巴达便是由四个聚落所形成的，它的遗迹也不能体现昔日的辉煌。不仅伊庇鲁斯（Epirus）[2]依旧保持着乡村生活方式，整个伯罗奔尼撒半岛（Peloponnesus）[3]的西北地区也都是如此。

希腊的先进之处主要体现在希腊人是十分赞同智力独立发展的，而当时别的部落和民族都没有意识到这一点。为了运用智力来探索真相，希腊人也曾发表过很多谬论，但他们从来不惧失败。这既是东西方雅利安人之间的最大差距，又是现代欧洲科学发展的前提。希腊人明白在人类社会中，他们在担负使命的同时，也要了解各种法则。他们明白这是在考验他们对人类事业的忠心，其中寄予了对他们的厚望。如果说对法律和义务的思考可能会让他们思考其义务的性质和来源的话，周边环境让他们的思考进入了一个更深层次、更宏观的境界。

在人类所处的世界中，无时无刻不在发生着变化：光明黑暗不断

[1] 著名的古希腊雅典历史学家、文学家和将军，其代表作为《伯罗奔尼撒战争史》，此书对于西方史学有着重要意义，修昔底德也因此被称作“政治现实主义学派”之父。——译者注

[2] 伊庇鲁斯位于古希腊西北地区，曾为希腊科林斯城邦管辖，在公元前4世纪时期同雅典结盟，后来又先后归顺于马其顿和罗马。——译者注

[3] 伯罗奔尼撒半岛位于希腊南边，历史悠久，遗迹甚多。在公元前2000年左右流行迈锡尼文化，其南边地区多为斯巴达所掌控。——译者注

变换，春夏秋冬四季更迭；白天烈日当空，黑夜星光闪烁；那些挂在天边的明星，有些岿然不动，有些绕轨而行；火山爆发、地震海啸都能轻而易举地毁掉人类的所有心血。凡此种种，是好是坏？其来自何处？为何而存？林间的风为何而起？音乐又在表达什么？这些都是希腊人在思考的问题，而他们也在某一时期对此进行了解答。所有事物都是存在的，而其间大部分都有意识。世上发生的种种现象都是神在掌控。秋叶飘落、漫天风雪是因为夏日之子、大地之神珀尔塞福涅（Persephone）[1]被从她母亲身边偷走了，若是想让大地之神不那么忧伤，那么这位少女必须被带回厄琉息斯（Eleusis）[2]城里的欢乐之处。人们运用自己的想象力为世界增添了神话色彩，但有一点贯穿始终，那就是所有现象都是“人”为的。不过希腊神话体系并不适用于解释宇宙的源头问题。神话里轻松地将山河大海、无边黑夜解释为混沌之子，可混沌又是从何而来呢？也就是说世界起源于哪里呢？在试图去寻找这些问题的答案时，即使只进行小小的尝试，也会被称作一场思想革命。

希腊人一马当先，勇往直前，完成自己的使命，其洞察力远胜于巴比伦人、埃及人，以及掌控着各种天文观测经验的神职人员。随后，希腊人又开始探索其他事物，并着手用不一样的方式来解决问题，他们主要是利用现在已知的一些知识和事实去为新事物做出一个合理的

---

[1]　珀尔塞福涅是古希腊神话人物。她的父亲是宙斯，母亲是农业女神得墨忒尔。她被冥王哈迪斯掳走，成为冥界王后。她有一个特性——在冥界是死神，在人界是丰收之神。——译者注

[2]　厄琉息斯位于古希腊的西阿提卡地带，在雅典北边，从这里到雅典不过十八英里（约三十公里）的路程。同时厄琉息斯也是祭祀得墨忒尔和珀尔塞福涅的密仪举行地，埃斯库罗斯便是在此处出生。——译者注

被掳走的珀尔塞福涅

解释，或肯定或否定，并且以此来验证理论是否正确。在这条新的探索路线上，人们摸索着前进，以智力为武器，开辟出新的天地，而之前已经点燃的火炬也将由希腊的思想家们传递下去，之后的伽利略、哥白尼和牛顿也是火炬传递者。

第二章

希腊人的生活史

希腊各个部落若想团结一致，那么就必须以宗教为纽带。宗教之间的关联不会因为两个地区相隔甚远而减弱，同样地，两个相邻地区也不会因为距离太近而增强宗教联系。不管是在斯巴达、科林斯（Corinth）[1]，还是在雅典，那些领兵出战的殖民者和居住在故乡的人一样，都是真正的希腊人。他们所在的驻守之处和他们的故乡都属于希腊。所以，不管在什么时候，希腊都不能算是一个严谨的地理名词。

随着希腊民族的发展，希腊的领土也会时而增加、时而减少。从坎帕尼亚群山到伯罗奔尼撒半岛的最南边都在希腊的领土范围内，或者说是属于那些以希腊人自居的部落，意大利半岛南部自称为大希腊（Magna Græcia）[2]，而这个大希腊则是由拥有着繁华城市的半岛海

[1] 科林斯是古希腊城邦国家，位于伯罗奔尼撒半岛东北，积极参与了希波战争与伯罗奔尼撒战争。——编者注

[2] 公元前 8 至前 6 世纪古代希腊人在意大利半岛南部建立的一系列城邦的总称。——编者注

岸所构成的，从现存的希腊废墟中，我们可以想象在那时候希腊所拥有的繁华热闹。在其和迦太基（Carthage）[1] 抢夺西西里（Sicilia）[2] 的统治权时，希腊的殖民者们富可敌国、权势滔天，丝毫不逊色于迦太基。可惜当时希腊的社会政治处于分崩离析的状态，这才让罗马帝国有机可乘。

迦太基城

[1]　迦太基在现在的突尼斯湖东边，以前是腓尼基人的殖民地，之后成为迦太基帝国的都城，是迦太基文明的中心，千年来都是地中海文明的领导者。——译者注

[2]　西西里岛位于亚平宁半岛的西南，公元前1000年，西西里已有人居住。该岛处于地中海中心，曾先后为希腊、迦太基和罗马所占领。——编者注

迦太基的毁灭

然而，希腊人的名声和他们的国家远远超出了这些界限，其成就也不容小觑。为了开疆拓土，他们可以强迫自己去抢夺海岸边的穷乡僻壤，也可以深入他族领地。希腊人向来是自信满满，他们不仅知道自己是雅典人或斯巴达人，也知道自己是人类的领头羊。希腊人所经之处，从黑海东北部的塔内斯河岸、从黑海东南岸的特拉布松和锡诺普到撒丁岛[1]和罗纳河口，从如今位于西班牙的伊比利亚[2]殖民地到北非沿岸发展起来的城市，到处都可以看到希腊近亲部落和远亲部落的共同点。

那些被希腊人所征服或强制迁徙的部落的文化、思想、法律、宗教都深受希腊人的影响。从希腊神话体系中，我们便可以深刻地了解到这种同化政策，从这套神话体系可以追溯到多洛斯[3]、伊翁[4]、埃俄罗斯[5]等，还可以根据这些人物追溯到其祖先赫楞（Hellen）[6]。但是这神谱有很多种形式，很多神都有各自的故事。那些以神之后裔自称的民族自然是相信这一神话体系的，不过各个部落和民族在追本溯源的时候总会有一些分歧。我们可以从他们的传统来分析，“希腊人”（Hellenes）的本义其实是指光和日之子，赫勒斯滂（Hellespont）[7]是他们开疆拓土的通道，这些人称呼自己为“希腊人”，同时将其西边的邻邦称作灰色人（grey folk）、暮色人（people of the gloaming），或者叫他们葛莱伊人（Graioi）[8]、葛莱西人

[1]　撒丁岛是地中海的第二大岛屿，位于法国科西嘉岛对面。——译者注

[2]　伊比利亚是欧洲的第二大半岛，在欧洲西南边。它基本被西班牙和葡萄牙平分。伊比利亚南边就是直布罗陀海峡。——译者注

[3]　希腊神话中的一位英雄，多利安人的先祖。——译者注

[4]　希腊神话中的一位英雄，爱奥尼亚人的先祖。——译者注

[5]　希腊神话中的风神，埃俄利亚族的先祖。——译者注

[6]　赫楞代表着拥有希腊血统的人，在希腊神话中，他是希腊人的先祖，所以也可以叫希腊人为赫楞人。——译者注

[7]　达达尼尔海峡的古称。——编者注

[8]　原意是指老妇人、女巫、灰色人，希腊神话中共用同一只眼睛和一颗牙齿的灰色三姐妹也叫葛莱伊。——译者注

（Græci）、希腊人（Greeks）。西边的这些部落是最早接触到罗马人的，所以整个民族便被统称为希腊了。

以前的地理学家们为了减少麻烦，便把位于坎帕尼亚群山和伯罗奔尼撒半岛的南边海岸之间的国家说成是希腊大陆（Continental Hellas），又把那些分散四处的希腊居民也当作希腊的一部分，然而几乎没有人会用分散的希腊（Dispersed Hellas）这个名词来表示这些城市。毫无疑问的是，这片被地理学家称为希腊大陆的土地，作为他们在欧洲的早期家园，其地理特征很大程度上塑造了希腊人的性格和历史。在这片面积不超过爱尔兰的土地上，地理特征独特而鲜明。

在希腊的东北一带，皮尼奥斯河从坦佩河谷流过，这个河谷十分有名，因为它隔开了奥萨山和奥林帕斯山，皮尼奥斯河流经坎帕尼亚群山，塞萨利平原上的溪流也都汇聚于此，然后向东流去。海拔约一万英尺[1]的奥林帕斯山在北方拱卫着六十英里见方的塞萨利平原，绵延不绝的品都斯山和坎帕尼亚山脉以直角相接，是塞萨利平原的西部屏障；蒂姆菲拉斯托斯山与奥西里斯山都是自品都斯山往东而去，绵延到了位于马里安海湾与帕加塞海湾间的遥远地带，守住了南方；皮立翁山和奥萨山同帕加塞海湾相接，构成了塞萨利的东城墙；奥萨山东边是马格尼西亚（Magnesia）狭长地区，海岸蜿蜒，风暴不歇，将重击波斯王的舰队。蒂姆菲拉斯托斯山与奥西里斯山形成的关口把塞萨利平原和斯佩耳刻俄斯河谷分开，于是河谷南边就被耶特山封锁了。耶特山与马里安海湾相接，两者之间只有塞莫皮莱一条狭窄的通道。耶特山的西南边和科林斯海湾的北边基本是一片荒山，于是便有了埃托利亚和阿卡奈部落的要塞；其东南边群山绵延，比如帕纳索斯

[1] 1英尺=0.3048米。——编者注

山、海利考山、基塞隆山等都在此处；其北边是福基斯的漫漫荒野；其南边便是彼奥提亚，一片良田沃土。

帕尼斯山以东是前往费勒[1]的关口。从科林斯海湾东边绵延至拉姆纳斯的基塞隆山是阿提卡北边的屏障，也是马拉松平原的背景，其西南面有艾吉普兰科特斯山和吉兰尼亚山，它们的山脊相接，成为科林斯的脊梁。连接它们的则是阿克罗柯林斯山，周围的山脉也因此更加复杂，像迷宫一样。这些山峰从科林斯海湾的西面绵延到埃托利亚高原，为伯罗奔尼撒中心地带竖起了最强屏障。这里还有一个著名的古迹，那就是亚加亚（Achaea）[2]。在山峰南边，忒吉特斯山把伯罗奔尼撒南边一分为二，此山山势陡峭，绵延至泰纳罗斯海角。山峰东面三十英里[3]处有一条呈直线的山脊，它和海岸之间有一条狭长通道，和塞萨利山东边的马格尼西亚比较像，一直延伸到让人望而却步的迈里埃海角，之后便出现在了基西拉岛，而它同时也是克里特岛群山的主山脉。

希腊境内多数是灰色的石灰岩，可以用作农耕的土地不到二分之一，即使是在最适合耕种的季节里，许多地区的田地也是闲置荒废的。很多山区土地贫瘠，少有植被，当地居民只能以放牧为生，地势较低的地区，在夏季之时基本没有降雨。绵延不绝的山峰成为希腊各地区百姓交流的最大阻碍，即使希腊境内多河流，但由于河流在冬季汹涌泛滥，夏季干涸枯竭，使得居民间交流的障碍始终未能消除。希腊的各部落不像色雷斯或伊庇鲁斯那些处于蛮荒或半开化状态的部落。这

[1]　费勒位于古希腊帕尼斯山以东一带，是军事要地。——译者注

[2]　古希腊四大部落之一，位于伯罗奔尼撒半岛东面。——译者注

[3]　1英里=1.6093公里。——编者注

得益于地理环境的塑造：希腊四周环海，尽管它的陆地面积还不如葡萄牙大，但它的海岸线极长，是葡萄牙和西班牙两国海岸线长度的总和。面积连一千五百平方英里[1]都不到的尤卑亚岛[2]，其海岸线长度却有三百英里，是洛克里斯、彼奥提亚与阿提卡的海岸线长度之和。更为重要的是，萨罗尼科斯湾与科林斯湾被宽约三英里半的科林斯地峡连接起来，大大便利了商旅活动，就像相较于绕过合恩角[3]，穿越巴拿马[4]地峡更为便捷。阿提卡实际上是一座岛屿，地理位置极佳，四面环海，可以驾驶船去任意方向，雅典人可以通过封锁埃夫里普海峡的方式封锁所有要道。

在波斯战争前，希腊一些城邦占尽了地理优势，不过我们应该将重点放在同这场大战紧密相关的城邦身上。在大战之中占据着最为重要的地理位置的一方如果实力不济，那么他们将面对一场腥风血雨，塞萨利人便是如此。

塞萨利人生活在侵略者南下希腊的必经之路上。他们统治着这片被皮尼奥斯河浇灌着的沃土。他们沉迷于饲养浩荡的马群，举行奢靡的宴会。贵族以劳动之名强迫土著居民为其服务，地主之间为了争夺资源明争暗斗。塞萨利的领导者和盎格鲁－撒克逊时代的不列颠统治

[1] 1平方英里≈2.59平方公里。——编者注

[2] 今称埃维亚岛，为希腊埃维亚州。——编者注

[3] 合恩角在智利以南，是南美洲的最南边，在这里可以看到南极洲。此处常有风暴，温度较低，其航道环境恶劣，探险家称其为“海上坟墓”。——编者注

[4] 巴拿马地峡是美洲中部的一个地峡，从哥斯达黎加边界延伸至哥伦比亚边界，全长约640公里，连接南美洲和北美洲。——编者注

者或伊特鲁里亚国王拉斯·波希纳[1]一样，但这里很难诞生出那样的霸主。也就是说塞萨利的总体情况和巴尔干半岛上的色雷斯部落相似，若能团结一致便所向披靡，若是分裂而治则一事无成。

彼奥提亚人在历史上的地位远高于塞萨利人，他们在史前便已经拥有了自己的治国理念——自帕纳索斯山底到尤卑亚湾，从洛克里斯平原至科林斯湾，都属于其同盟不可分割的一部分，其中底比斯（Thebes）[2]是当之无愧的彼奥提亚同盟领袖。各城市结盟，各项事务由彼奥提亚政务会每年推选出的地方治安官负责处理，而这些手握大权的治安官就像塞萨利贵族那样，毫不关心百姓民生。由此也不难理解彼奥提亚人在波斯战争中的一些行为了。

我们将视角从科林斯湾北部地区转向处于历史早期阶段的伯罗奔尼撒，统治这里的是斯巴达。伯罗奔尼撒半岛的整个南部地区几乎都归属斯巴达，西边的美塞尼亚（Messenia）[3]和曾受到阿尔戈斯（Argos）[4]城所控的一些土地也尽为斯巴达所有。阿尔戈斯这个名字不仅指远离与薛西斯一世交战区的城市，还在相当长的时间里代指整个伯罗奔尼撒半岛及其边界以外的许多地区。因此，当它失去了从

[1]　拉斯·波希纳是伊特鲁里亚国王，曾统治过克卢修姆，并对罗马发动战争，即罗马-伊特鲁里亚战争，其记载十分稀少。——编者注

[2]　底比斯是古希腊彼奥提亚地区最大的一个城市，也是彼奥提亚联盟的领导者。在薛西斯一世攻打希腊的时候，底比斯站在了波斯人一方。——译者注

[3]　伯罗奔尼撒半岛西南部地区，斯巴达在这里进行了三次美塞尼亚战争，成功占领此处，为军国主义斯巴达的发展提供了大量劳动力。——编者注

[4]　公元前七世纪由多利安人建立的奴隶制城邦，位于伯罗奔尼撒半岛东部，是南希腊最古老的的政治、文化中心之一，后在与斯巴达的争霸战争中落败。——编者注

泰里亚到马来阿角（Malean cape）[1] 的狭长土地后，它的实力便急剧萎缩了。不管是在什么地方，胜利的天平都偏向斯巴达，阿尔戈斯的力量在它的面前显得如此弱小，两次美塞尼亚战争则为当地带来了毁灭。斯巴达人继续将侵略的脚步推向东西两边的海岸，征服了其他多利安 [2] 部落，成为希腊霸主，甚至在某种程度上成功地推行了普遍适用的法律。

征服者威廉

斯巴达的出现就相当于英国的征服者威廉（William）[3] 及其所创建的诺曼王朝（Norman dynasty）[4]，只不过威廉无法完全驾驭他的手下，但斯巴达则不然，斯巴达人无法拥有自由或自主的家庭生活，国家一直处于战争状态，随时准备出征。斯巴

[1] 希腊伯罗奔尼撒半岛东南端的海角，与基西拉岛隔海相望。——编者注

[2] 古希腊人的主要部落之一，属于印欧族群，约公元前 12 到前 11 世纪从巴尔干北部向南方迁徙，摧毁了迈锡尼文明，成为伯罗奔尼撒半岛的统治者，建立了斯巴达、科林斯、阿尔戈斯等城邦。——编者注

[3] 即威廉一世，诺曼王朝首位国王，1035 年继任法国诺曼底公爵；1066 年英王忏悔者爱德华死，盎格鲁－撒克逊王朝绝嗣，威廉随即宣称继承英格兰王位，开始了“诺曼征服”，在黑斯廷斯战役中大获全胜，加冕为英格兰国王。——编者注

[4] 英格兰的第一个王朝（1066 年—1154 年），历经四位国王，后为金雀花王朝取代。——编者注

达人只能在公共食堂内用餐，食物份额和品质都有着极为严苛的规定，为了弥补要上缴的公共食堂份额，他们的人均伙食份额每年都会被剥削。斯巴达这种如苦行僧般的日子被很多人当作多利安式的典范。可是斯巴达人并不想要这种夸赞，因为哪怕是在最先出现多利安式生活体制的克里特岛，也没有他们这样变态的管理。斯巴达也因此成为“十字军”的阵地，整个国家被迫与奢侈、艺术、优雅、哲学为敌。

赫拉克勒斯

这个奇特民族的政府实行紧密的寡头政治，国家在名义上（而不是真正的统治地位上）由两名国王共治，他们声称自己流淌着英雄赫拉克勒斯的血液，是英雄阿里斯多德穆斯[1]的双生子。如果相互间的嫉恨与敌意冲突是血统的证明，那两位国王的血统一定最为纯正。但斯巴达人对两位国王间的明争暗斗颇为宽容，这正可以防止一家独大从而实行独裁统治，除此之外他们也没有别的机制来限制国王们的权力。

元老院由二十八名年满六十岁的长者组成，协同国王制定法

[1] 他是希腊神话中赫拉克勒斯的后人，智勇双全，带领伯罗奔尼撒半岛上的人们进行了反迈锡尼的抗争，他的两个儿子成为斯巴达王室的始祖。——编者注

案，法案起草完毕后送至定期在露天场所举行的公民大会进行表决。此外，由斯巴达公民全体公决选出的五名执政官会在国家机关中掌控最大的权力。两位国王承诺按既定法律行使职权，五位执政官则会承诺维护他们的权威。在早期，国王有权随意宣布战争，但这一权力逐渐被执政官掌控。当国王御驾亲征的时候，会有两名执政官随行，他们表面上是执行国王命令、保护其威严，但实际上则是对国王进行约束。

在斯巴达境内，斯巴达公民、庇里阿西人（Periokoi）[1]、希洛人（Helot）[2]三个群体等级分明。斯巴达公民等级最高，其地位和塞萨利贵族或封建地主差不多，都是依靠土地生活，自认为比农业、手工业的从业者高一级。在战争时期他们地位相等，其平等性体现在他们的头衔上，在军队中他们被称为“Homoioi”，即“平等者”。可是当他们犯罪之后，其处罚就大不相同，若是没有定期向公共食堂缴纳粮食税的话，那么这个人将会被夺去公民权。被处以这种惩罚的人一般都是那些既没有家产又没有土地的人，也就是“劣等人”（Hypomeiones）[3]。这和之后在美国蓄奴州中的白种贫民大同小异。

---

[1] 庇里阿西人意为“边区居民”。通常指古斯巴达的依附居民，他们多住于城邦周围或沿海一带，从事手工业和商业。有人身自由，无政治权利，须给斯巴达奴隶主纳税和服役，无法享受其他专职斯巴达人的权利。服兵役时只能作为兵卒。公元前4世纪以后，曾多次参加反斯巴达统治者的斗争。——编者注

[2] 即“黑劳士”，是被斯巴达人征服地区的原住民，斯巴达人将其作为奴隶驱使，战争期间他们跟随军队出征，闲时则为斯巴达人耕种，因不堪压迫，黑劳士曾发动过多次起义。——编者注

[3] “劣等人”是未向集体食堂支付费用而被降级为非正式公民身份的斯巴达阶层。——编者注

这些“劣等人”的地位等同于庇里阿西人，虽然后者在多利安人的统治下失去了所有政治权利，但仍保留了个人自由。相比之下，曾经的原住民希洛人更加不幸，他们被束缚在土地上，成为供国家使用的公共奴隶，也就是说他们在任何时候都可能被派到军队当中服兵役，偶尔他们会分配到重装部队，不过大多时候是作为轻步兵服役。庇里阿西人依靠被斯巴达公民鄙视的商业活动赚取了大量财富，希洛人则是依靠不断耕种和繁衍来积蓄力量。这些低等人便成了斯巴达最大的隐患。

在当时那种社会环境下，统治者自然不能高枕无忧。斯巴达人对低等人心存顾虑，因此监察官可以不用经过审讯便判处庇里阿西人死刑。如果希洛人威胁到其主人的利益，便会有一大群希洛人消失。不仅如此，斯巴达人还会让年轻男子从事名为“克里普提”（krypteia）的秘密行动，在整个拉科尼亚对希洛人展开暗杀。但是，尽管斯巴达的制度存在种种缺陷，它还是很好地实现了斯巴达的统治目的，并赢得了希腊世界的尊重。按照原始氏族公社制度，斯巴达城没有封闭的城墙，而是由一个政治中心和四个村落共同构成的，能很好地抵御外敌。

斯巴达地处平原，四周环山，只有埃夫罗塔斯河谷（Eurotas）和奥伊诺斯河（Oinos）的河谷作为出口。从另一个角度来看，不建造围墙可以有助于斯巴达人维持军事训练。斯巴达军队的军事纪律比希腊的每个城邦都严格，这套制度将绝对服从刻入了斯巴达人的血脉中，也锤炼了个体智慧，因此，任何灾难都不能成为斯巴达军队的阻碍。

雅典士兵与同族人共同作战，显得十分笨拙，缺乏纪律性，作战主官也缺乏治军能力。反观斯巴达军队，他们不在乎社会和政治上的差异，将公民们以小组划分并执行任务。在这些条件的影响下，斯巴

三个斯巴达男孩练习射箭

达成为伯罗奔尼撒半岛早期实力最强的国家，理所应当地成为希腊的政治共同体领袖。斯巴达的实力一骑绝尘，这对其他希腊城邦的发展大有裨益，因为斯巴达人为那些既不结盟也不想屈从对方的城邦提供了联合的纽带。

斯巴达人并未自夸有精致的艺术。当时世界最灿烂、堪称奇迹的雅典艺术还没有产生，希腊在意大利、西西里和非洲所建立起的殖民地步入兴盛，走向衰败，或走向毁灭。从这种角度来看，波斯战争的历史便是希腊世界的衰亡史。财富与繁华对后世来说只是过眼云烟，

年轻的斯巴达女孩挑战男孩

几个孤立社会的命运并不能给人以太多启示与兴趣。但我们不得不钦佩希腊殖民者们的精力与胆魄。他们将地中海变成了内海，将那些不毛之地变成了热闹都市，他们为城市艺术创造了华丽之风，将城市文明塑造得风雅奢华。但他们往往缺乏自制力，也罕有发展政治的能力。

在波斯战争之前，雅典人在希腊殖民热潮的时代显得默默无闻。如果不是建立了如斯特里蒙河北岸的安菲波利斯（Amphipolis）[1]这样的一两个定居点，雅典或许早被遗忘了。不管是在意大利、西西里，还是在色雷斯或是普罗庞蒂斯（Propontis）海岸，雅典的影响

[1]　斯特里蒙河上的古希腊城市，是从爱琴海进入巴尔干半岛东南的必经之地。——编者注

力都比不过哈尔基斯[1]、科林斯、埃雷特里亚（Eretria）[2]和麦加拉（Megara）[3]。不过雅典后发制人，当别的殖民城市都沉迷于开疆拓土，在孤立单位的增加中将自己消耗殆尽后，雅典才开始承担起自己的政治责任。在这段时间内，一直默不作声的雅典为之后那场决定了欧洲历史发展的战争养精蓄锐。毋庸置疑，尽管这些殖民地仍然是孤立的单位，但它们却有着令人惊叹的辉煌和财富。在西西里，希腊人发现了一片沃土，其东南部的资源从未得到利用。相较而言，邻近的意大利半岛更令人痴迷，山脊两侧是肥沃的土地，河谷之上是大片森林，甚为壮观。在盛夏之时，野草青青，从山谷蔓延到平原，在冬季，牛羊群最爱来这里。沃土之上，芳香遍野，酒浓油醇，稻谷清香，使人忽略了附近随时会爆发的活火山。近些年来，火山喷发极大地改变了当地地貌，许多地方变得有害于健康，而两千五百年前，此处并无这样的恶名。

考虑到上述因素，并减去无序管理所带来的影响，我们大致可以还原出克罗顿（Kroton）、锡巴里斯（Sybaris）和麦塔庞顿（Metapontion）等城邦兴盛时的全貌。塔拉斯[4]占据着意大利半岛南方最优质的港口，它所建立起的民主制度足以和雅典比肩，意大利半岛中心地区也深受其影响，意大利半岛地区因此得名“大希腊”。

---

[1] 古希腊城邦，最早出现于荷马史诗《伊利亚特》中，地处古希腊世界的贸易十字路口，经济发达，现为希腊尤卑亚州首府。——编者注

[2] 古希腊城邦，位于尤卑亚岛南部沿海，公元前8世纪与哈尔基斯并为尤卑亚岛的重要城邦，曾败于哈尔基斯，后为罗马征服。——编者注

[3] 古希腊城邦，位于雅典和科林斯之间，是通往伯罗奔尼撒半岛的门户，纺织业发达。——编者注

[4] 古希腊城邦国家。——译者注

科林斯在家乡附近建立了殖民地，将美丽的克基拉岛变成了充斥着血腥派系斗争的战场。克基拉岛以北被一条狭窄的海峡与大陆分开，易守难攻。克基拉岛面积不大，长不过四十英里，宽不过二十英里，因此这里不会出现那些面朝大海、背靠敌对部落的沿海殖民者曾遇到的问题。岛屿最高处海拔也不到三千英尺。海岛北部的高地为其赋予了“科孚岛”（Corfu）[1]这一新名字。如今沧海桑田，高地化为平原，岛上大片的橄榄树都是在威尼斯统治时期所种。丰富的物资、飘溢的酒香，让人开始思索——这个殖民地本有机会成为希腊最美之地，为什么却成为希腊最为动荡之处呢？它和雅典结盟后，并没有太多建树，暴力事件也没有减少，克基拉殖民地同其宗主城邦科林斯的恩怨纠葛越来越重，希腊的首次海上战争就是这两个城市间爆发的。

在克基拉岛对面的陆地上还生活着一些部落，其中一些被视为希腊部族，其余的则是被当成了原始野蛮的部落。不过这种断言被一些人接受，另一些人反对，这足以说明一些界定希腊世界范围的理论并不严谨。不管是从社会方面，还是从道德层次上来看，这些部落之间并没有太大差距。

希腊境内多高山，所以建设城市的难度极大，村庄社区分散四处，彼此间的联系微乎其微。在这些部落中，阿卡纳尼亚人（Akarnanians）最负盛名，他们缺乏狡诈，这给了他们凶残的邻居——埃托利亚人（Aitolians）明显的优势。北方部落被南部希腊人称作伊庇鲁斯人或是大陆人，他们内部分为卡奥努斯人（Chaonians）、塞斯普罗图

[1]　科孚岛（Corfu）这一名称是意大利文，转译自拜占庭Κορυφώ（Koryphō），意即“众山峰的城市”，因该岛中南部地势偏低而北部多山峰而得名。——编者注

斯人（Thesprotians）和摩罗西亚人（Molossians）。史学家们对这些伊庇鲁斯人是否具有希腊人特征而争论不休。

在更遥远的东部、北部的广大地区也居住着不少部落，他们或多或少都彼此相似，而且可能和较野蛮的希腊部落有亲缘关系，尽管后者不承认这点。这些部落中最突出的有色雷斯人、伊利里亚人（Illyrians）[1]和马其顿人（Macedonians）[2]。他们各有分支，具有共同特征——生活在田野之中，很是排斥政治联盟或是城市生活。这片广大的地域多有高山，对军队来说几近天堑。因此我们也只能说这些人是定居在村庄社区之中的，某些部落甚至不了解什么叫作社会，其行为近乎强盗。一些人想离开，便直接用子女换钱，或者是做雇佣兵去维护希腊那可恶的僭主制度。

最野蛮的是伊利里亚人和色雷斯人，他们刺青，延续着希腊地区早就废止的“活人祭祀”的恶习。这两个部落在和平年间并不与人结盟，在战争期间却顺应潮流，让山中人进入战场，像洪水一样漫过大地，等战争结束后又让他们回来收获作物，举行盛宴，当寒冬来临之际，他们便呼呼大睡。这些人打仗的风格和苏格兰高地人（Highlanders）[3]

---

[1] 欧洲古代部族，属印欧语系，居住于希腊西北部，“伊利里亚人”一词最早由古希腊人使用，种族构成较为复杂。——编者注

[2] 指生活在希腊北部的古代马其顿人，是希腊人、色雷斯人、伊利里亚人的混血后裔，被希腊人称为“野蛮人”，后逐渐融入希腊社会。早期马其顿人经过改革后逐渐建立起早期国家，在腓力二世时期建成了强大的马其顿王国，在亚历山大大帝时期成为横跨欧亚非三洲的大帝国。现代北马其顿主要由斯拉夫人构成，与古代马其顿人并无太大关系。——编者注

[3] 苏格兰高地和低地是在中世纪之后慢慢出现的两个文化概念，苏格兰高地由来已久，境内多大山，少人烟。——译者注

狩猎的马其顿人

一样，只知道向敌人横冲直撞，一旦没有成功就急忙向后撤退，和进攻时一样迅速。他们所居住的平原拥有得天独厚的优势，其上拥有多条河流，从来不会为水源而发愁。

在希罗多德时期，马其顿人并没有将疆域推至海岸周边，但他们仍远超邻国。传统认为，他们是被纯血希腊国王统治的非希腊种族。但这与希罗多德的故事相悖：在很久以前，一位马其顿国王本想参加奥林匹亚运动会，但是因为他并非希腊血脉，所以没有参赛资格。

希罗多德之后的几代人会看到，马其顿人会成为希腊的霸主，甚至整个世界都将听命于他们。不过在希罗多德眼中，马其顿人并非坎帕尼亚山北边最令人恐惧的民族，他认为，只要色雷斯人稍微联合起来，就能迸发出恐怖的力量；但他丝毫不担心这样的联合，色雷斯人野蛮冷血，只是群卖妻鬻子的野兽。

被蛮族所霸占的沿海地带里也有一些希腊殖民者，不过率先在此建立起殖民地的不是爱奥尼亚部落的领袖雅典人，也不是带领多利安部落发展的斯巴达人。在这场殖民大赛中，占据上风的是尤卑亚岛的哈尔基斯与埃雷特里亚城。曾远至西西里岛的哈尔基斯的殖民活动，已被“哈尔基季基”（Chalkidikê）这个名字证实，它所指的是塞尔迈湾至斯特里蒙海湾这条线路的南部地区。此间最突出的是位于三个半岛最东边的圣山阿索斯（Athos），高耸入云，甚为壮观[1]。这座山海拔在六千英尺之上，山脊和别的山脉相连，人们甚至可以在利姆诺斯岛上看到这座山的山影，中间的锡索尼亚半岛也是面积辽阔。

在这片地区内，也就是在别的“哈尔基季基”城市间，以奥林索斯（Olynthos）、托罗涅（Torônê）为首的市镇崛起了。位于帕里尼亚半岛颈口的波蒂戴阿（Potidaia）是科林斯建立的殖民地。向东靠近斯特里蒙湾，便可以发现伊多尼安人（Edonian）的城镇、薛西斯一世战争生涯中的“九条路”（Ennea Hodoi）[2]。

在薛西斯一世败北后，雅典便在这里建立起了安菲波利斯殖民地。

[1] 阿索斯山伫立在阿索斯半岛，整个地区呈三叉戟型插入海面，阿索斯山就位于东北的刃上。传说大力士阿索斯在此处与海神波塞冬在此处进行了一场激烈的拼搏，最终阿索斯将整座山压在波塞冬身上获胜，因而得名。——编者注

[2] 薛西斯一世出征希腊时，曾途经此处。——译者注

在达达尼尔海峡与普罗庞蒂斯海[1]的欧洲一侧居住着塞斯托斯的艾厄勒斯部落和拜占庭的麦加拉人，这里之后成了罗马帝国和奥斯曼帝国的首都。

希腊在亚洲大陆建立了数量庞大的殖民地，这让人不禁由衷地佩服希腊人在亚洲殖民方面获得的成就。可殖民地的分散式排布让他们有了离心趋势，这是种潜在威胁，但希腊人并没有结成政治同盟来稳固统治。西西里和非洲的某些部落已经将他们折腾得筋疲力尽。我们若是直接将这些部落定义为蛮族的话，也不算有失公允。

亚洲崛起的吕底亚王国拥有高效的组织架构和足够雄厚的实力，对希腊殖民者不利，在两方交战后，希腊殖民者迫于无奈屈服于吕底亚国王。之后，亚洲希腊人又遭遇了波斯帝国的奴役。

吕底亚

[1]　古希腊人对马尔马拉海的称谓。——译者注

吕底亚王国中生活着许多部落，或许他们大部分甚至所有部落之间都有联姻关系。无论这些部落从何处而来，现在他们都生活在一个让希罗多德极为自豪的地方，他曾形容这里拥有着最适宜的气候、最肥沃的土地，以及最美丽的风景，这里便是希罗多德的故乡——爱奥尼亚。

爱奥尼亚的山谷风景秀丽，希腊的亚洲族群定居于此。托罗斯山脉北边的中央大平原是爱奥尼亚半岛上气温较低的地方，这里盛产粮食、水果和牛羊，但还是有个小缺点——不出产橄榄油。土耳其人对这里垂涎欲滴，他们用贪婪、腐败和暴政让这里哀鸿遍野。托罗斯山脉分别向北、南、西三个方向延伸，形成一个破碎的地区。越靠近大海，山势越低，而山谷之中也多是清澈的河流。

伊达山脉（mountains of Ida）[1]向达达尼尔海峡峡口的西南方向延伸，成为这片地区的南部屏障。格拉尼库斯河（Granikos）及其支流流经此处，最终流向了普罗庞蒂斯海。在东南方，托罗斯山脊和一条山脉相接，然后往西南方向延伸，其山脊基本平行。山脊之间是小亚细亚最著名的平原，每条河流及其支流都会流经一处，其中有一条名为凯克斯（the Karkos）的河流流经由北部的噶洛罗斯山（Gargaros）、泰莫斯山（Temnos）和南部的派莱克斯山（Pelekas）所形成的三角洲，最终汇入艾莱亚提克湾（Elaiatic gulf）。同样，位于萨狄斯（Sardis）北部的帕克托罗斯河经由位于派莱克斯山、西皮洛斯山（Sipylos）以及提摩留斯山（Tmolus）之间的赫尔墨斯河谷（the valley of the Hermos），最终注入爱琴海。

[1] 古代地理学中小亚细亚西部山脉，在古代特洛伊旧地附近。伊达山脉是古典神话传说中的圣地，今土耳其称卡兹山。——编者注

奥林帕斯山在士麦那（Smyrna）[1]东方屹立，凯斯特河（Kaystros）流经奥林帕斯山和迈斯欧吉斯山之间，注入以弗所（Ephesos）[2]附近的海中。门德雷斯河从迈斯欧吉斯山南边的山坡间蜿蜒而出，向西流去，其地势虽然低于马格尼西亚，但最终会像赫尔墨斯河谷那样，转变方向向南而去，进入到门德雷斯海湾中。从这里往西边去可以看到拉特莫斯山（Latmian hills），那是神话故事的发生地，月神塞勒涅（Selênê）[3]正凝视着长眠于山上的恩底弥翁（Endymion）[4]。凯克斯河、赫尔墨斯河谷、凯斯特河以及门德雷斯河基本平行，它们从富饶的平原穿过，奔向海洋。萨狄斯古城的废墟处处诉说着吕底亚王国的古老历史。无论是北边的阿卑多斯古城（Abydos），还是罗得岛对面的海岬，爱琴海中的每一座岛屿、每一个海峡都可以将我们带入那段古老的历史之中。

哈利卡那索斯（Halikarnassos）[5]是希罗多德的故乡。米卡尔山下的著名海岸见证了波斯舰队的毁灭，同时波斯元帅玛尔多纽斯[6]在普拉提亚战败。

[1]　今土耳其伊兹密尔。——编者注

[2]　位于今土耳其伊兹密尔以南五十公里的塞尔丘克小镇附近。——编者注

[3]　希腊神话中的月神，相传她驾着月车在夜空飞驰时被恩底弥翁吸引，于是每晚都趁他熟睡悄悄吻他。在恩底弥翁陷入沉睡后，她每夜都会深沉地凝望自己的爱人，二人的女儿名为墨涅厄。——编者注

[4]　希腊神话中的美男子，牧羊人。传说月神塞勒涅无意中爱上熟睡中的恩底弥翁被宙斯发现，宙斯为断绝人对神的诱惑，让恩底弥翁决定，是选择任何形式的死亡还是永远陷入沉睡，恩底弥翁选择了后者。——编者注

[5]　今土耳其穆拉省港口城市博德鲁姆的旧称。——编者注

[6]　波斯帝国著名将领，大流士一世的侄子、女婿，曾参与平定爱奥尼亚起义、平定色雷斯起义、第一次入侵希腊等战役，于普拉提亚战役中身亡。——编者注

月神凝视着恩底弥翁

吕底亚国王克洛伊索斯踌躇满志，养精蓄锐，决心以举国之力清除这片土地上的希腊人。克洛伊索斯首先对以弗所下手，随即又减少对其他希腊殖民地的物资供应，除了因托罗斯山阻隔而幸免于难的吕基亚人（Lykians）[1]和奇里乞亚人（Kilikians）[2]，其他

[1] 古代安纳托利亚地区部族，世居吕基亚地区，曾为赫梯帝国的盟友，后被波斯帝国征服，最终成为罗马帝国的居民。——编者注

[2] 安纳托利亚南部部族，其居住地与塞浦路斯北岸隔海相望。——编者注

克洛伊索斯

希腊殖民地尽皆臣服，吕底亚国王成为哈吕斯河以西地区的霸主。这次征服为吕底亚王国带来了空前的改变，同时也让他们成为易受突发灾难打击的大帝国，这些灾难会重塑亚洲世界的格局。如果希腊人愿意打破其孤立的天性寻求结盟，那么他们也许可以抵御薛西斯一世的大军于国门之外，但这只是今人的一厢情愿。于是，克洛伊索斯的皮鞭很快便被波斯暴君的毒螯所取代。

第三章

波斯帝国及其统治者

希罗多德对于波斯创建者故事的描述最为可信，他认为居鲁士二世是米底亚国王阿斯提阿格斯（Astyages）[1]的外孙。阿斯提阿格斯在睡梦中曾梦见自己的外孙将夺取米底亚王国，成为小亚细亚的霸主。阿斯提阿格斯惊恐万分，待到小居鲁士出生，他立即召来近臣哈尔帕哥斯（Harpagos）[2]，令其处理掉这个灾祸之子。哈尔帕哥斯并没有处死这个孩子，他将小居鲁士交给了一位牧羊人抚养，并把妻子刚诞下的死婴送去交差。就这样，小居鲁士成为牧羊人的儿子，茁壮成长。

数年后，长大的居鲁士和同村的朋友一起玩角色扮演游戏，他凑巧抽到了国王的角色，并下令惩罚了一个不向他行礼的贵族之子，或许是王族的血液带来的与生俱来的王者气息，男孩扮演的国王名气越来越大，不少人都认为他比阿斯提阿格斯更具王者气息。终于，男孩

---

[1] 阿斯提阿格斯是米底亚最后一位国王，他在位的三十五年间，米底亚在他的率领下十分强盛。他和吕底亚国王克洛伊索斯、新巴比伦国王尼布甲尼撒二世结盟，而这两位国王恰好是他的姐夫。——译者注

[2] 哈尔帕哥斯是阿斯提阿格斯麾下的将军，在帕萨格达战役中叛变，投靠居鲁士二世，也是辅佐居鲁士二世上位的重要人物。——译者注

阿斯提阿格斯下令判处居鲁士死刑

居鲁士被托付给牧羊人

居鲁士二世扮演国王

的名声传到了宫廷，阿斯提阿格斯下令调查，男孩的身份也随着调查水落石出。

得知男孩就是自己的外孙，阿斯提阿格斯怒火中烧，他将哈尔帕哥斯的儿子烹制，并要求哈尔帕哥斯吃下，哈尔帕哥斯隐忍不发，伺机复仇。与此同时，宫廷祭司向阿斯提阿格斯汇报，称居鲁士二世已经在游戏中成为国王，就不会在现实中成为国王了，诅咒已经消除，阿斯提阿格斯大喜过望，对居鲁士二世委以重任。哈尔帕哥斯终于找到了机会，他拥护居鲁士二世，召集波斯部落，终于推翻了米底亚王国。

混乱的氏族管理和拥挤的地域空间促成了米底亚王国的建立，米

失败的阿斯提阿格斯（左戴镣铐者）被带到居鲁士二世（中间年轻人）面前

底亚的第一任国王迪奥塞斯（Deioces）[1]从开始就有建立专制王国的意图，他担任家乡的法官，向公众展示司法的公正，这让他赢得了英明、公正的名声。但他的野心不止于此，他以自己无法在不给予回报的情况下继续承担税收为由，离任法官职务。但他已赢得人民的爱戴，于是七个米底亚部落召开会议，共同推举他为米底亚王国的第一位国王。

成为国王的迪奥塞斯立即令人为他修筑富丽堂皇的宫殿，由七重城墙层层保护。在深宫之内，迪奥塞斯终于可以卸下伪装，显露出他的暴君本色。他定都于埃克巴塔纳，用独立为条件换取各个部落对尼

[1]　米底亚第一任国王，在位五十三年，他统一了米底亚地区的七个部落，建立了都城与禁卫军，奠定了米底亚王国的西亚霸主地位。——编者注

尼微的亚述国王的敌对。在这种叙述中，米底亚与亚述的关系似乎产生了一些变化。这种对于东方君主制起源的描述并不符合米底亚人的思想，反而更符合希腊人的想象。米底亚部落间的动荡与斗争，迪奥塞斯用伪善的面具取得政权，营建豪华的都城，组建贴身侍卫队，这都更类似于希腊僭主的风格。劳民伤财、穷兵黩武的施政理念凸显了希腊式的想象，亚洲统治者反而不会有这种企图。

不过依照希罗多德看，任凭迪奥塞斯在宫墙内翻云覆雨，对尼尼微影响也微乎其微。迪奥塞斯的儿子弗拉欧尔特斯（Phraortes）在统治了二十二年之后死于对亚述的作战。他的儿子基亚克萨雷斯为报父仇再次率军包围尼尼微，但因斯基泰人的袭扰无功而返，他因此迁怒于斯基泰人，用沉重的贡赋压榨他们。一些斯基泰人不堪重负，投

迪奥塞斯驱使米底亚战士出征

弗拉欧尔特斯

靠在吕底亚国王阿律阿铁斯二世（Alyattes Ⅱ）[1]麾下。阿律阿铁斯二世拒绝臣服于米底亚，因此两大强国进行了长达六年的战争，最终因日食以及新巴比伦国王和奇里乞亚人首领的调停宣告结束。

自古以来，联姻都是稳固两国关系的重要手段，于是他们提出让米底亚王国的继承者阿斯提阿格斯与阿律阿铁斯二世的女儿联姻，以维护两国关系。新巴比伦国王那波帕拉沙尔（Nabopolassar）[2]

[1] 吕底亚国王、克洛伊索斯之父，在位期间与米底亚王国进行了数年的战争；后以两国结盟告终，此后他开始征服小亚细亚的希腊城邦。——编者注

[2] 新巴比伦开国君主、尼布甲尼撒二世之父，原本是亚述帝国的巴比伦尼亚总督，后脱离亚述重建巴比伦，携子出征在卡赫美什战役中击败亚述，攻占亚述首都尼尼微。——编者注

尼布甲尼撒二世

的儿子尼布甲尼撒二世（Nebuchadnezzar Ⅱ）[1]与米底亚国王基亚克萨雷斯女儿的联姻就是一个很好的例子，牺牲女儿的婚姻自由换取两国之间稳固的关系，对于政治家来说是一笔很合算的买卖。这样，克洛伊索斯、阿斯提阿格斯、尼布甲尼撒二世形成了稳固的三角链关系，然而这条锁链在居鲁士二世推翻阿斯提阿格斯后分崩离析。依希罗多德看，为内兄报仇的责任并没有困扰尼布甲尼撒二世，但却让克洛伊索斯生出了想与波斯对抗的野心。亚述帝国则早就在基亚克萨雷斯与那波帕拉沙尔的围攻下被米底亚吞并。

朝代的更迭并没有让米底亚人的生活发生翻天覆地的改变，米底亚民族仍然是帝国境内第二大民族，并与征服者处于同一战线。希腊人也习惯称呼他们为米底亚人而非波斯人，那些站在波斯侵略者立场上的希腊同族也被打上“米底亚同族人”的标签。埃克巴塔纳也仍然是波斯国王的居所。

居鲁士二世就这样牢牢抓住了亚洲最高权柄，不过与他的权力不匹配的是，他的主要力量依旧集中在法尔西斯坦（Farsistan）这样

[1] 新巴比伦王国第二位君主，曾征服犹太王国，围困耶路撒冷，制造了著名的“巴比伦之囚”，在位期间新巴比伦王国达到全盛。——编者注

一个崎岖贫瘠的小省份。绵延的群山连接成片，分隔开法尔西斯坦与美索不达米亚平原，而后向东延展拓宽，形成了波斯高原。

我们可以说，有水的地方就有良田。如今的荒芜之地在居鲁士二世时期却是青山绿水的宝藏之地。为防止劳动力流失，居鲁士二世曾宣布，若子民想移居到更富饶的地方，就必须放弃自己原属国至高无上的身份。这里崇山峻岭，地势险峻，想要移民又谈何容易，因地势原因，这个国家也只有零散的城市。

以设拉子[1]为原点，向北出发六十英里，就是帕萨尔加德（Pasargadae）[2]的遗址。在两城之间的平原上则坐落着波斯帝国的第二座都城波斯波利斯（Persepolis）[3]，其间穿行而过的两条河流为整个波斯带来了不竭的水源。尽管这里有部分崎岖的山地与贫瘠的高原，但相比于西起扎格罗斯山脉（Zagros），北抵厄尔布鲁士山脉（Elbruz），东至苏莱曼山脉（Suliman），南有狭长的海岸线一直延伸至印度河（Indus），海拔一千到一千五百米的伊朗高原，这里可称得上是良田沃土了。沙漠占据了这里的绝大部分国土，每到炎炎夏日，河水便会断流。在这样严苛的环境下生存的各部族，对被绿草流水环绕的埃克巴塔纳心向往之，他们举家迁移，前往心中的圣地。

吕底亚国王克洛伊索斯为扩大自己的版图征服了雅利安部落的领土，但这也使吕底亚逐渐靠近一个比它更具侵略性的强大帝国。因克

[1]　设拉子是古波斯的古老城市，法尔斯省的省会，保持了近千年的贸易中心地位。——译者注

[2]　居鲁士二世在位时的首都，由居鲁士二世主导建设。——译者注

[3]　波斯阿契美尼德王朝的第二个都城，始建于大流士一世时期，在亚历山大大帝东征时期被烧毁，极具考古价值。——编者注

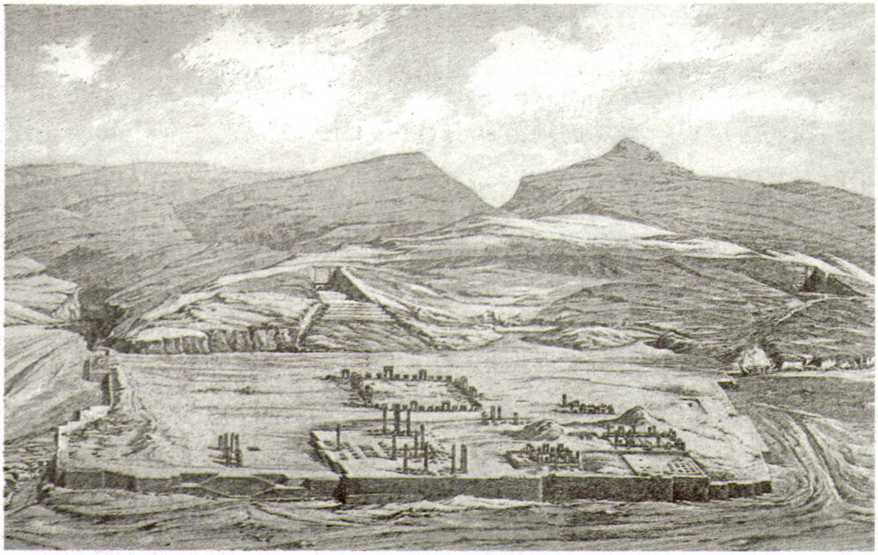

波斯波利斯遗址

洛伊索斯与亚洲希腊人的关系，萨狄斯将来遭受的灾难，与米底亚和居鲁士二世的权力转移具有完全不同的意义。除了失去政治自主权外，亚洲希腊殖民地几乎没有受到什么严重的迫害。他们的负担可能仅限于缴纳贡品和为吕底亚军队提供一定数量的人力。为了预防叛乱，克洛伊索斯似乎还下令一些城市破坏城墙，据希罗多德所述，当他们开始反抗波斯时又不得不将之重建。相较于吕底亚王国和克洛伊索斯所受的屈辱，希腊殖民者的遭遇不值一提。克洛伊索斯向居鲁士二世宣战的原因诸多，不仅是为了替内兄报仇，也是为了实现自己的野心，制止贪得无厌的居鲁士二世。这些理由毫无关联，甚至与寻常故事中克洛伊索斯的形象相悖，但有关他对爱琴海沿岸征服行动的零星记载证明了这位吕底亚国王的野心。居鲁士二世的节节胜利也证明了他的军事天才，在居鲁士二世看来，吕底亚和米底亚的联盟就是他最佳的宣战理由，他害怕复仇者的卷土重来会摧毁他的帝国。

如果克洛伊索斯能联合希腊城邦协同作战，那么波斯的霸业可能会烟消云散，居鲁士二世和克洛伊索斯都深知这点。为此，居鲁士二世尽其所能使爱奥尼亚人脱离征服者，这也足以说明吕底亚的统治温和而仁慈。克洛伊索斯则与爱琴海的一些城邦结盟，甚至与斯巴达人达成了协议。但很不幸，海岛城邦对吕底亚漠不关心，斯巴达则根本是袖手旁观，吕底亚和他的希腊臣民们只能臣服于万王之王的脚下。

吕底亚王国的终结比其他东方帝国都要早，我们找不到翔实的史料，也没能力记录发生的一切，因此我们只能大致勾勒出这场战争的轮廓。曾有传言道，克洛伊索斯在战争之初便受到了警告，不要与波斯这样卑劣的敌人开战，这证明大众口耳相传的故事与历史记载是有出入的，留给我们的历史只是只言片语，而不是连续完整的故事。有人认为克洛伊索斯在这场战争中一无所获，还失去了一切，也有人认为征服米底亚与尼尼微的居鲁士二世只是个部落酋长，这简直荒谬不堪。克洛伊索斯的失败源自他对贪婪侵略精神的恐惧，这种精神指导着亚洲帝国，直到它逐渐懈怠停下侵略的铁蹄。

克洛伊索斯的一生开明无疑，为人慷慨。后人的宗教信仰为克洛伊索斯的失败及教训给出了特别的说明：人生在世必遇患难，如同火星飞腾。[1]

萨狄斯的悲剧见证了一位正直国王的失败，刻画了一场令人唏嘘又惊心动魄的感人戏剧。

克洛伊索斯仿佛是天命之子，他和阿喀琉斯一样，深受神的宠爱。他拥有帕克托罗斯河岸的黄金沙滩，别迦摩（Pergamos）的金矿让他富甲一方。他精力充沛，享受着蓝天白云，他自认为是世界上最快乐

[1]　《圣经·约伯记》5：7。——编者注

克洛伊索斯与梭伦

的人，直到他遇见了梭伦。梭伦向克洛伊索斯提到，一个人除非在快乐中结束生命，否则不能断言他是快乐的。克洛伊索斯不屑一顾，他认为自己得到快乐易如反掌。除了萦绕在他小儿子阿杜斯身边的阴霾，没有任何一片乌云能遮住他的光辉。

阿杜斯是一位勇敢英俊的王子，也是克洛伊索斯最疼爱的儿子。然而，阿杜斯被预言，终有一日，他会被名为阿德拉斯托斯的长矛穿胸而过。惊慌失措的克洛伊索斯立即取消了阿杜斯的军职，封存武器，为他迎亲，用女孩的温柔让他放弃执行一些危险的任务。筹办婚事之际，一名叫作阿德拉斯托斯的外乡人来到克洛伊索斯的宫廷，他声称自己误杀了兄弟而被父亲驱逐。克洛伊索斯与他的父亲相熟，因此赦免了他的罪行，留他住下。没多久有人向克洛伊索斯求助，请求他派阿杜斯杀死一头毁坏田地的大野猪，克洛伊索斯便命阿德拉斯托斯与阿杜斯同行保护。

这本应该是一场平平无奇的狩猎，没想到却是一场应验预言的灾难。阿德拉斯托斯掷出的长矛贯穿了阿杜斯的胸膛，克洛伊索斯崩溃了。他以误伤为由赦免了阿德拉斯托斯，但阿德拉斯托斯不堪重负，选择在阿杜斯墓前自杀谢罪。而克洛伊索斯则彻底臣服于神的旨意。不久，米底亚王国的灭亡将他从悲痛中拉了出来。

克洛伊索斯遣人去各处求取神谕，以此来决定是否插手米底亚事务。他从德尔斐得到了一个令他满意的神谕：如果他与波斯开战，那将摧毁一个大帝国。克洛伊索斯并没有完全放心，继续询问他的帝国是否能长久，得到的回答是：如果一个骡子（mule）当上米底亚国王，那他应立即逃跑。驴子当上国王，天下哪有这样的事！克洛伊索斯踌躇满志地打算征服波斯。于是他率领军队渡过了哈吕斯河与居鲁士二世交战，不分胜负。克洛伊索斯只得班师回朝，解散了大批雇佣军，命令他们在明年重整旗鼓，一举得胜。然而事与愿违，居鲁士二世获悉克洛伊索斯的动向，于是他当机立断，急行军进逼萨狄斯。

尽管雇佣军被解散，克洛伊索斯仍试图以精锐的吕底亚骑兵对抗居鲁士二世，但居鲁士二世摆出骆驼阵，使得吕底亚骑兵的战马受惊，载着骑兵逃离战场。克洛伊索斯的统治持续了十四年，居鲁士二世的围攻只用了十四天。克洛伊索斯和其他十四个吕底亚人被铁链捆住送上火刑台，波斯人想看看，众神是将这份胜利的果实收入囊中，还是会降下神迹拯救这个忠实的信徒。

被架在木柴上的克洛伊索斯就像一只待宰的羔羊，他只有用沉默来表达他的痛苦。他回想起自己的一生，再想起梭伦的那一句话，不由悲从心来，命运的戏剧性已经让他无言以对，他已经没有心思在此刻吟诗作对感叹自己的命运，此刻他只能大喊三声梭伦的名字，来表

波斯人用骆驼使吕底亚骑兵受惊

克洛伊索斯被俘

达对命运的服从。

居鲁士二世对他口中的梭伦很感兴趣，他唤来翻译官逼问这个人的由来，在得知梭伦完全不为吕底亚国王的财富所动，以及对这位国王所谓的幸福人生不以为然时，居鲁士二世深受感触，他觉得自己也不过是一个凡夫俗子，而此刻他正准备烧死曾和自己类似的人。于是他下令把木柴堆撤下，只可惜为时已晚，木柴已经点燃，火烧得正旺。

克洛伊索斯看到居鲁士二世已经改变心意，就向阿波罗神祈祷，希望这位天神能回应他这个虔诚信徒的哀求。正当克洛伊索斯绝望之际，突然间，天空乌云密布，不一会儿便下起瓢泼大雨，扑灭烈火。居鲁士二世也为这奇观动容，认为克洛伊索斯受到了天神眷顾。

居鲁士放弃烧死克洛伊索斯

居鲁士二世对获救的克洛伊索斯问道："你是受了谁的蛊惑，居然选择进军我的土地而不是与我交好？"克洛伊索斯回复道："因为我受到希腊神的蛊惑，丧失了理智，我为了自己的快乐而选择战争，白发人送黑发人；但和平时代，是黑发人送白发人。"回答完居鲁士二世的问题后，克洛伊索斯反问道："此刻波斯军队正在做些什么呢？"居鲁士二世得意地回答道："此刻当然是在为所欲为地掠夺你的财富，压迫你的人民，抢夺我们的战利品。"克洛伊索斯当即反驳道："不对，他们抢夺的是您的财富，因为我和我的臣民遭受这场灾难后已经身无分文。同时您也应该提高警惕，因为抢到财物最多的人，必然会用积累的财富武装起来反抗你，所以请您派守兵严控每个城门，命令他们拿取所有财物，就说这是要向宙斯缴纳什一税[1]。”

居鲁士二世十分赞同克洛伊索斯的想法，并且让克洛伊索斯协助他。克洛伊索斯先是请求卸下自己的镣铐，接着向居鲁士二世请求把这副镣铐送到德尔斐，他要质问希腊诸神，为什么降下的神谕并没有实现。德尔斐的祭司收到了克洛伊索斯的质疑，给出了这样一份庄重的回答：就算是神，也不能改变为他准备的命运。

克洛伊索斯是吕底亚迈尔姆纳德王朝的第五代国王，他现在所遭受的苦难是为偿还祖辈的孽。他的先祖曾因为一个女人的命令而残忍地杀害了国王，夺取了他的权力[2]。天神已经尽力推迟了萨狄斯的陷落，但这也不能使克洛伊索斯完全摆脱命运的惩罚。尽管他屡战屡败，天神还是在他性命攸关之际天降大雨救了他。同时，克洛伊索斯问神的问题并不清晰，他应该询问神明，摧毁的强国是吕底亚还是波斯。他也没能理解骡子的意思，居鲁士二世本就是个“骡子”[3]。

克洛伊索斯听完祭司的回复后幡然醒悟，神的旨意是没有错的，

---

[1] 什一税是欧洲封建制度下农民向教会所缴纳的一种税。其合法性来源于《圣经》，在这种税制下，农民要将自己收入的十分之一送交教会。这里的“什一税”可以简单地理解成向宙斯缴税。——编者注

[2] 根据希罗多德《历史》所述，克洛伊索斯的祖先巨吉斯是吕底亚海赫拉克利德王朝的末代国王坎道列斯的仆人，坎道列斯对自己王妃的容貌非常自信，因此把巨吉斯偷偷地带到了自己的卧室，要求他欣赏王妃的裸体，但被王妃发现了。根据吕底亚的风俗，一个女子如果被除丈夫之外的男人看见裸体，被视为奇耻大辱，因此王妃对坎道列斯怀恨在心，她给了巨吉斯两个选择：一个是杀死坎道列斯，成为国王并娶她；另外一个则是巨吉斯死。因此巨吉斯选择了和王妃同谋杀死了坎道列斯，夺到了坎道列斯的妻子和王国。——编者注

[3] 居鲁士二世是波斯部落的王子冈比西斯一世与米底亚国王女儿所生的后代，本身就拥有两种血统。——编者注

坎道列斯命巨吉斯窥视自己的妻子

自己的失败完全是没能理解神谕，咎由自取。

克洛伊索斯的故事是宗教核心的缩影，代偿观和神的嫉妒是整个故事的核心观点。代偿观是指毫不考虑代偿者的痛苦，而神的嫉妒是指神无法忍受高尚者的幸福。讽刺的是，身为罪魁祸首的祖先可以安乐至死，而他敬重神明的正直后代却需要为先祖偿还罪孽。显然，命运之神与正义之神的评判标准并不一致，创建王朝的巨吉斯安然离去，而他正直的后代克洛伊索斯却饱经磨难，但这并不意味着正义之神认可前者而抛弃后者。萨狄斯的陷落让克洛伊索斯变得谦卑明智，更加纯洁。

这则神谕的存在消解了故事的历史性质。希罗多德认为，直到克洛伊索斯真的成为阶下囚之前，都没人在意那则“五世而亡”的预言。这似乎说明这一预言只是后人编造的。编造预言也并不能为故事增添真实性，除非字面上接受神谕的回答是为了保持一种必要的错觉，否则这些答案的接受者理所当然地认为这些话语或者很可能是隐喻的。

对克洛伊索斯来说，所谓的“骡子国王”的神谕并不能掩盖住事实。米底亚国王是他的姐夫，而居鲁士二世——冈比西斯一世的儿子——竟然废黜了外祖父，统一了米底亚与波斯，这让他感到愤怒。希罗多德承认故事的结局是他从吕底亚人处听得的，在泰西阿斯（Ktesias）[1]的《波斯志》里，我们也找不到任何有关于克洛伊索斯从火刑逃脱的描述，也不会有波斯人用火祭的方式玷污火的圣洁[2]。但我们还是可以看清一个事实：强大的吕底亚被更为强大的波斯彻底征服了。

克洛伊索斯投降后，爱奥尼亚人向居鲁士二世恳求缴纳和吕底亚时期一样轻的赋税，他们愿意投诚，但却被居鲁士二世拒绝了。恐惧使爱奥尼亚人纷纷修复克洛伊索斯下令拆毁的城墙，并派人向斯巴达求援。斯巴达人对此没什么兴趣，但还是派了一名叫作莱克瑞恩斯（Lakrines）的军官前往萨狄斯警告居鲁士二世，如果他胆敢入侵希腊人的城邦，他将遭受“拉栖代梦人”（Lakedaimonians）[3]的怒火吞噬。居鲁士二世对这些只会圈地交易、充斥买卖与欺骗的希腊人不屑一顾，他留下几个信任的手下继续执行征服计划便班师回朝。然而

[1] 泰西阿斯是生活在公元前4世纪的古希腊人，曾在波斯宫廷担任医生，著有《波斯志》《印度志》，他是第一个在著作中提及中国的西方人。——编者注

[2] 波斯人信奉琐罗亚斯德教，崇拜火、太阳、光明。——编者注

[3] 此处为音译，Lakedaimonians为古希腊居住在拉科尼亚（Laconia）地区的民族，因斯巴达是该地区的主要城邦，因此常用来代指斯巴达人。——编者注

居鲁士二世刚离开不久，一名负责将萨狄斯财宝运往苏萨的吕底亚人帕克泰斯（Paktyas）便发动了叛乱，紧接着卡里亚人（Karians）也开始反抗，最后吕底亚人也加入了起义大军，据说他们出征前杀死了自己的妻子以示破釜沉舟，他们英勇冲锋直至全军覆没。

虽然很多孤立的国家文明程度较为发达，但依旧逃脱不了被波斯帝国侵吞的命运。居鲁士二世在位期间，将波斯帝国的疆土，向东向南不断扩张。居鲁士二世英勇善战，所过之境皆沦为他的国土，就连巴比伦的国王都臣服在居鲁士二世的铁骑下。

在将视线从爱奥尼亚转移至巴比伦之前，我们不得不注意到欧亚统治风格的显著差异。希腊城邦具有浓烈的个人主义倾向，但缺乏政治上的联合；亚洲帝国则通过中央集权调动民力取得辉煌的成就，在这里，个人价值虚无缥缈，成为政治机器的一部分才是个人生活的全部。在希腊人还没有形成部落前，远在亚洲的叙利亚君主就可以随意调遣庞大的军队，建造巨大的城市和巍峨的寺庙。宗教的教条深深介入了每个人的日常生活，规定了他们的社会与政治责任，限制了他们独立思考与理性推断的能力。

亚洲文明最大的敌人是自己。亚洲人不懂得反思，容易随波逐流，他们维护制度并非出于思考后的自觉。但亚洲文明并非一无是处，亚洲人善于发现和利用国家的地理资源。巴格达和摩苏尔的平原现在是一片荒凉贫瘠的荒地，但在塞纳克里布或尼布甲尼撒统治尼尼微或巴比伦的日子里，这些干旱的沙漠一年中有三季被摇曳的玉米海洋所覆盖。虽然亚洲的专制制度十分冷酷，但他们很清楚肥沃的土地是立国的基础。他们开凿运河来联通全国，让两河流域的玉米、小米、芝麻都能增产。这里的农作物产量保守估计增加了五十倍或一百倍，或者如希罗多德所相信的，在特别丰裕的年份甚至能增加三百倍。希罗多德在描述巴比伦城的富丽堂皇时，几乎与描绘谷物丰饶的画卷时一样令人惊叹，尽管他看到的是已经被大流士一世掠夺、薛西斯一世洗劫一空之后的巴比伦城。如果我们能亲眼得见，就知道希罗多德的描述并不能还原这座名城的恢宏。巴比伦城被花园围住，三百英尺高的高墙保护着花园。每段城墙长达十五英里，出口有二十五个之多。城墙内延伸出城市的建筑和街道，形成矩形街区。每条街道的尽头都有巨大的黄铜门把守，门外则直接通向河道。建筑中最为恢宏的是贝尔神庙，层层叠叠达六百英尺，四面基座每个面宽一千二百英尺。河流之上横跨着一座大桥，每晚升起，每日落下，为行人提供通路。

我们没把握说居鲁士二世是通过奇袭攻占巴比伦城的。在居鲁士二世出征途经底格里斯河的支流金德斯河时，他的白马溺水而亡。居鲁士二世为之震怒，他下令开掘河道，将其分流至一百条河中，让妇女过河都不会沾湿脚面。这一举动大智若愚，是居鲁士二世为分流幼

巴比伦空中花园

发拉底河进攻巴比伦城的预演。此前一年，有人可能会问，居鲁士二世怎么会预见到自己有机会分流幼发拉底河？怎么有信心调动如此庞大的人力？金德斯河干枯的河床就是回应。居鲁士二世率领士兵趁巴比伦城沉浸在节日狂欢时分流河水，踏着幼发拉底河的河床占领了巴比伦城。

巴比伦，一座拥有古老历史的城市陷落了。它的遭遇与其他的殖民城市类似，城墙被摧毁，市民被迫负担重税。不过值得庆幸的是，居鲁士二世没有屠城，没有掠夺民财，还释放了尼布甲尼撒二世时期被囚禁于巴比伦的犹太人。征服巴比伦的快感推动居鲁士二世进行进一步的扩张，据希罗多德记载，居鲁士二世将目光投向了阿拉克斯河（Araxe）以东的游牧部落，而在色诺芬的描述中，居鲁士平静地死在了自己的床上。在前一个故事中，马萨格泰人的首领托米丽司女王拒绝了居鲁士二世假意的求婚，率军击败了居鲁士二世，并将他的头颅砍下浸泡在充满人血的皮囊里，满足他“嗜血的欲望”。居鲁士二世死了，但他留给波斯的扩张狂热没有丝毫改变。对波斯人来说，自由即和平时期的免税与战争时期的疯狂掠夺。就像吕底亚和巴比伦的沦陷，埃及也将遭受到同样的命运。冈比西斯二世继承了父亲居鲁士二世的英勇善战，留下一个又一个的传说。在埃及，人们总爱讲一个脍炙人口的故事：一个英勇善战的国王率领七十万大军开疆拓土，从赛伊尼[1]的大瀑布到布哈拉[2]，从印度到爱琴海。除此之外，这位国

[1]　即今天的阿斯旺。——编者注

[2]　布哈拉（Bukhara），乌兹别克斯坦城市，位于泽拉夫尚河三角洲畔，沙赫库德运河穿城而过，有两千五百多年历史，人口约二十五万，中亚最古老的城市之一。9至10世纪时为萨曼王朝首都，1220年为成吉思汗所侵占，1370年被突厥人帖木尔征服。——编者注

斯基泰[1]女王托米丽司将居鲁士的头颅浸入血中

[1] 有人认为马萨格泰人是斯基泰人的一个民族。——编者注

王的战争史还有另外一个版本：他的军队一路烧杀抢夺，鲜血从埃塞俄比亚流到利比亚，从米底亚流到波斯，从巴克特里亚（Bactria）[1]流到斯基泰。战争会引起连锁的仇恨，甚至影响数代人，他们对居鲁士二世或其他波斯国王燃起了无尽的复仇欲望，但是波斯人并不了解那位埃及征服者的故事，同时埃及人对塞米勒米斯（Semiramis）[2]女王的征服也闭口不谈。不管王朝几经更迭，这些传说从亚述一直流传到了尼罗河流域。

不管王朝几经更迭，不论莎草纸的记载如何模糊不清，我们仍能明确一个事实：在其他文明都还在发展的时候，尼罗河谷的居民已经拥有了严密的组织结构，创造了非凡的财富。这些文明遗产让希罗多德惊讶不已。这片繁荣盛景得益于肥沃的尼罗河谷，尼罗河谷则是尼罗河的创造。她挖掘出了河谷的渠道，又带来肥沃的泥土将其填满。低矮的石灰岩山丘构成了两岸植被的边界，沿着河的流向延展。河水因河道两侧侵蚀强度不同而被推来推去，形成了宽窄不一的样貌。到了阿斯旺的花岗岩地区，河水强硬地穿过岩石倾泻而下，形成大瀑布。我们今天看到的瀑布要比那时的位置偏南，这足以证明尼罗河的河水侵蚀了形成瀑布的岩架。的确，现在这些悬崖峭壁要高于河床，但古埃及法老们在努比亚（Nubia）[3]的塞姆纳留下来的标记可以证明，早在希罗多德造访埃及之前，河流的水位一度高达二十四英尺。我们

---

[1] 古希腊人对今兴都库什山以北的阿富汗东北部、临近帕米尔高原一带的称呼。——编者注

[2] 即萨穆-拉玛特，亚述女王，在丈夫尼纳斯死后继位（一说她谋杀了丈夫），在位期间颇有作为。——编者注

[3] 努比亚是尼罗河沿岸的一个地区，现如今涵盖埃及南部阿斯旺地区和苏丹北部地区，是古代非洲最早的文明发源地之一。——译者注

也可以说，是尼罗河创造了埃及。在尼罗河进入埃及后蔓延的一千多英里范围内，这里的土地因为尼罗河而变得肥沃，庄稼的丰收对生活在这里的人们来说唾手可得。尼罗河提供了水源，连接了埃及南北的交通往来。得益于北风的盛行，在尼罗河上逆水行舟成为可能，为南北不同商品的贸易提供了便利。农作物的生长快而迅速，保证了埃及人的闲暇休憩。相比于勉强糊口的欧洲人，尼罗河流域的埃及人很容易先一步发展出文明。即使是美丽的赫尔墨斯河岸与门德雷斯河岸，仍然只有零星的野蛮部落居住。埃及除了拥有尼罗河外，还拥有抵御蛮族入侵的天然屏障——沙漠。那里富含硝酸钾，会使雨水都无法饮用。

当地居民无论是经济发展还是性格塑造，都与尼罗河息息相关。尼罗河流淌数千英里，这里的人可能会因为时间发生一些变化，但决定他们生存发展的物质基础始终没有改变。这里有滋养生命的大河，以及名副其实的河流所孕育的绿地。到处都是环绕着这座花园的低矮

尼罗河

山丘，外延则是无边无际的灼热沙漠。白天和黑夜，头顶上都是万里无云的天空，太阳孤独地驾着马车穿过天空，后面跟着月亮和无数的星星。从这片土地的一端到另一端，没有分裂割据势力的藏身之所，也没有侵略者能越过东西两侧的熊熊火焰，这一系列条件一定会造就一个伟大的民族，但也会让所有一切都处于对统治者的绝对服从状态。埃及在很早的历史阶段就储存了惊人的国力，这里相对封闭，与这片广阔大陆上的任何其他民族都不相同。埃及人的肤色比阿拉伯人黑，外形特征也不像闪米特部落[1]，却与希腊人有某种奇怪的共同点，他们的生活习惯与贝都因人（Beduin）[2]也截然不同。他们纺纱织布，制陶绘画，生活处处流露出优雅的气息。

埃及与印度或是希腊和诸拉丁部落的制度类似，都在稳固的中央集权统治下安逸生活。法老联合宗教祭司阶级统治国家，祭司则用仪式与教义渗入人民乃至法老的生活，用束缚与恐惧约束他们。这套制度的底层逻辑是人对未知世界的恐惧，来源于人的不完美、法治的不健全、权利的不对等、情感的不开放、政治的不开明、贫富差距等矛盾。为解决这些问题，埃及人构筑了这套解法。所以，我们在赞叹埃及人的艺术与文学成就时，我们都要明确，无论埃及有多么璀璨，它始终是建立在这片土地上的。有了宗教这套体系，超出人类法律的罪行就由神明来裁决。希腊有三大冥界判官来进行审判。埃及也不例外，

[1]　由古阿拉伯人、犹太人、迦南人、亚述人、巴比伦人等同源民族构成的群体。他们最早的分布区域以阿拉伯半岛为中心，边缘延伸至两河流域。“闪米特人”这一概念于 1781 年由德国人冯施洛泽提出。——编者注

[2]　阿拉伯人的一支，属闪含语系，“贝都因”为阿拉伯语音译，意为荒原上的游牧民、逐水草而居的人。——编者注

上至法老下至平民，都要面临神的终极审判。埃及的宗教氛围浓厚可见一斑。

直到马拉松战役爆发前一百八十年，希腊人完全不知道有埃及这个神秘的国家存在。当时的埃及分裂为十二个小国。有人预言，这十二个王里，有一位会从火神神殿里的黄铜容器中取出祭奠神明的美酒，他会成为整个埃及的主人。

普萨美提克一世（Psammitichos Ⅰ）[1]最终实现了这个预言。实行祭祀大典时，祭司为十二位国王准备了十一个黄金杯，普萨美提克一世便用自己的黄铜头盔代替酒器完成了祭祀，其他十一个国王看到这一幕感到非常恐慌，决意追杀普萨美提克一世。普萨美提克一世不慌不忙地躲藏在芦苇丛里，因为他已经从神的旨意中知道，会有穿着铜甲的人来救他。很快，他发现了一群穿着铜甲的爱奥尼亚和卡里亚的劫匪正在三角洲大肆劫掠。普萨美提克一世向他们许下承诺，得到了他们的支持，凭借这些雇佣兵，普萨美提克一世成功当上了全埃及的法老。登上王座后，普萨美提克一世将这些雇佣兵改造为常备军，并且安排他们驻扎在布巴斯提斯（Boubastis）附近。

在普萨美提克一世在位时期，有一群米利都人[2]把尼罗河支流坎诺皮克河口东岸的一个港口占为己有，并且在那里修建了瑙克拉提斯城[3]，该城成为埃及和欧洲的贸易中心。

---

[1] 埃及第二十六王朝建立者。——编者注

[2] 安纳托利亚西海岸线古希腊城邦的居民，米利都是爱奥尼亚十二城邦之一，在这里诞生了著名的米利都学派。——编者注

[3] 古希腊人在尼罗河三角洲建立的殖民城市，是希腊人在埃及建立的最早的殖民地，逐渐发展为地中海海域重要的工商业中心，在埃及与希腊的经济文化交流中起到过很大的作用。——编者注

普萨美提克一世和普萨美提克三世之间共有四位法老执政，很不幸，普萨美提克三世执政时期埃及被波斯收入囊中。据说普萨美提克一世曾花了近三十年的时间围攻阿什杜德（Ashdod），控制了斯基泰部落入侵埃及的必经之路。他的儿子，犹太史学家们口中的尼科二世[1]为将犹太和腓尼基（Phoenicia）[2]收入囊中，不得不与更强大的敌人抗衡。传言道，当米底亚国王基亚克萨雷斯攻下尼尼微城的时候，新巴比伦国王尼布甲尼撒二世也对西奈沙漠以北的领土宣示了主权。

普萨美提克一世进入阿什杜德

尼科二世征伐巴勒斯坦的过程顺风顺水。犹太国王约西亚[3]在美吉多（Megiddo）遭到重创，不得已将耶路撒冷（Jerusalem）[4]拱手

[1] 希伯来《圣经》称他为法老尼哥。——译者注

[2] 腓尼基是地中海东岸闪族海洋文明古国，如今的黎巴嫩沿海、以色列北部、叙利亚南部和地中海的阿瓦尔德岛都属于腓尼基。——译者注

[3] 约西亚是公元前7世纪的犹太国王，他8岁登基，据希伯来《圣经》记载，他进行了一系列的宗教改革。他统治期间发现了《申命记》的一个版本。——译者注

[4] 也被希罗多德称作凯迪提斯。——作者注

卡赫美什战役

让给侵略者。风水轮流转，尼科二世在卡赫美什（Kirkesion）惨败于尼布甲尼撒二世，被迫退出叙利亚和巴勒斯坦。

尼科二世的儿子普萨美提克二世统治王国一段时间后，把王位传给了阿普里伊（Apries）。阿普里伊是普萨美提克一世最后的继承人，即犹太人所著《列王纪》中的合弗拉（Hophrah）[1]，他征服希腊殖民地利比亚和昔兰尼的军事行动以失败告终。埃及的军事勋贵认为阿普里伊故意战败，以此削弱他们的实力。他们心生不满决意反叛。雅赫摩斯二世（Ahmose Ⅱ）抓住机会击败了阿普里伊和他的希腊雇佣军，成为埃及新的法老。他在位四十四年，为埃及在波斯入侵的风暴前夕

[1] 实际出自希伯来《圣经·耶利米书》。——编者注

赢得了难能可贵的繁荣发展。对三角洲地区的希腊移民而言，这是段美妙的黄金年代。他们在瑙克拉提斯获得了垄断特权，任何一个外国商人到达尼罗河的任何一个河口，都必须发誓自己是因天气因素被迫抵达的，并且要立刻离开前往瑙克拉提斯进行贸易，否则他们的货物就会被扣押运往内陆。雅赫摩斯二世对希腊人的厚爱不止于此，他允许与希腊人通婚，还与萨摩斯（Samos）[1]的僭主波吕克拉忒斯[2]结盟。

埃及，这个拥有神秘色彩的富饶国家，是时候面对虎视眈眈的波斯了。如果雅赫摩斯二世在世，那么埃及似乎可以多抵挡一些时间。但他在波斯入侵前几个月就去世了，他的儿子普萨美提克三世并没有继承他的才华与勇气。与之相反的是，居鲁士二世的儿子冈比西斯二世继承了父亲的英勇善战，率领军队穿过埃及的沙漠屏障，在腓尼基城市和小亚细亚希腊人支援下，波斯人成功将埃及法老围困在了孟斐斯城。一艘希腊传令船抵达孟斐斯要求他

冈比西斯二世

[1] 萨摩斯是位于希腊的岛屿，它坐落在东爱琴海，在历史上是一个富饶强盛的国家，以葡萄酒闻名世界。——作者注

[2] 波吕克拉忒斯是约公元前535年至约公元前522年萨摩斯城邦国家的僭主，他蛮横残暴，在他两位哥哥的帮助下成功登上王座。但他成为国王后，他的两位哥哥逃脱不了一个被杀、一个被流放的悲惨命运。虽然做尽腌臜事，但这位国王仍然建立了强大的海军，成为希腊的海上霸主。希罗多德认为，波吕克拉忒斯国王是古希腊最早拥有海上霸权意识的国王。——译者注

们投降，埃及人用杀戮作为回应，这为接下来埃及的惨剧埋下伏笔。在顽强的抵抗后孟斐斯沦陷了，阿普里伊曾费尽心思想征服的利比亚和其他希腊殖民地也被波斯人占领。

冈比西斯二世把希罗多德所设想的波斯帝国扩张到了极致，他主宰的土地从巴克特里亚延伸到尼罗河。冈比西斯二世贪婪、暴虐，他必将会被开疆拓土抢夺财富造下的血孽反噬。埃及人每时每刻都祈祷着波斯王能够如同神所预言的那样，在疯狂中迷失自我、遭受重创，显而易见的是，他们的祈祷灵验了。想要让一个人毁灭，必先让一个人疯狂，波斯王的疯狂，在每一场战争的掠夺中，在对雅赫摩斯二世的无数次羞辱中显现得淋漓尽致。

坐拥广阔疆土的波斯王并不满足，他从底比斯出发进攻埃塞俄比亚，为摧毁沙漠中的太阳神殿，波斯王不惜调来五万大军。他的行军走了五分之一路程的时候，就来到了远在尼罗河瀑布之外的神秘民族

冈比西斯二世生擒普萨美提克三世

的土地。波斯士兵认为这个国家应该如同传说故事里所描述的那样，拥有许多珍贵的宝藏，珍馐美食应有尽有，但映入眼帘的却是一望无际的不毛之地。巨大的落差让这些士兵无法忍受，他们开始自相残杀，同类相食。这也是对冈比西斯二世的警告，这让他清楚地意识到：就算伟大如他，也并不是所有事情都能在掌握之中。祸不单行，冈比西斯二世还没有到达孟斐斯的时候，就收到了另一个噩耗。或许是出于对拜火教一神信仰的狂热，他派兵去摧毁阿蒙[1]神殿（Luxor Amon Temple），这些人可能到达了绿洲城，但他们再也没能回来复命，神殿的守卫们断言，这些士兵一定是被沙暴吞噬了，尸体埋葬在滚烫的沙柱下。

很快，冈比西斯二世的铁骑踏上了迦太基的殖民地提尔（Tyre）[2]。但军队中的腓尼基海员非常抵触与他们的族亲提尔人开战。提尔的命运与巴比伦如出一辙，也是先被尼布甲尼撒二世攻陷，如今受到波斯掌控。冈比西斯二世并不敢过分压迫提尔人，他们掌握着地中海上的贸易枢纽，他们的反叛将会给冈比西斯二世带来甚至他父亲都从未经历过的严重灾难。同埃及人一样，腓尼基人的名声早已响彻在外。当我们刚认识欧洲的时候，我们就会了解到腓尼基人早已成为最出色的航海家。

一开始他们生活在黎巴嫩山和大海中间的狭长地带，宽度不超二十英里，向北一直延伸不到一百二十英里就可抵达卡梅尔湾，伟大的提尔和阿拉多斯分别坐落在南北两端的两座小岛上。在这些城市之

[1]　古埃及的太阳神。——作者注

[2]　古代腓尼基城市，亦是北欧神话中战神的名字。——译者注

间最靠近提尔的是西顿，还有贝里托斯（Berytos）[1]和比布鲁斯，最后是作为政治联盟中心的特里波利斯（Tripolis）。

特里波利斯由三个区域组成，且不同区域服务的城市不同，它们分别服务于提尔、西顿和阿拉多斯。事实上，不管腓尼基部落对希腊部落产生过怎样的影响，这两个民族在各自发展中的每一个重要阶段都彼此制约，只是腓尼基人总是一马当先走在最前端。

希腊人向西扩张的脚步止于马萨利亚（Massalia）[2]和科西嘉人居住的阿莱里亚，而腓尼基人的殖民地，就像加的斯[3]一样，已经在赫拉克勒斯石柱[4]那边神秘的大西洋沿岸崛起了。

汉尼拔

这些勇敢的水手再次拒绝屈服，在汉尼拔（Hannibal）[5]的带领下捍卫这座与罗马争夺统治权的伟大城市的自由。但对此时的冈比西斯二世而言，接连的失利激起了他老虎般的脾气，他必

[1] 即今贝鲁特，黎巴嫩首都，地中海东岸最大的优良海港城市。——编者注

[2] 马赛的旧称。——作者注

[3] 加的斯是西班牙西南部的港口城市，被认为是西欧最早的人类居住地，建筑遗址可以追溯到公元前9世纪。——译者注

[4] 指直布罗陀海峡两岸边耸立的海岬。——编者注

[5] 欧洲历史上最伟大的四位军事统帅之一，被称为“战略之父”。出身巴卡家族，在第二次布匿战争期间，他率大军翻越比利牛斯山和阿尔卑斯山进入意大利北部，多次重创罗马军队，后因迦太基政治妥协被迫自杀。——编者注

须用鲜血来发泄自己的愤怒。

他很快便等到了一个发泄窗口：在军队撤回孟斐斯的路上，他听见有人在欢呼，这欢呼声十分刺耳，让冈比西斯二世觉得这是在嘲笑他的失败，于是下令杀死这些欢呼的人。

无辜的当地人不得不向冈比西斯二世奋力解释，说他们之所以欢呼，是因为发现日夜敬拜的小牛是神牛阿匹斯（Apis）的化身。随后赶来的祭司也做出了同样的解释，但冈比西斯二世却用嘲讽的语气命令他们把所谓的神带过来。

有人把小牛牵过来，冈比西斯二世却拔出匕首，毫不留情地刺向小牛的大腿，小牛顿时血流如注。冈比西斯二世不顾这些人的惊慌失措，嘲讽道："睁大眼睛看看吧，这就是你们敬畏的神，不过是一堆

阿匹斯神

血和肉堆积起来的物体罢了，只要是人就可以打伤它，不过你们也就只配得上这样的神，但是你们嘲笑我就得受罚。”于是，祭司们受到笞刑，但暴虐的冈比西斯二世并不满足，他下达了严酷的敕令：只要发现有人以节日为借口寻欢作乐，就立即处以死刑。

人们顿时如同惊鸟般散开，他们取消所有的宴会，没人再理会那头神牛，受伤的神牛最后死于神殿之上，祭司们只能按照以往的仪式，偷偷埋葬这头神牛。

神牛事件平息后，冈比西斯二世的疯狂越加严重。他之所以刺伤神牛，羞辱它的信徒，就是为了摧毁这个国家国民的信念，浇灭他们的斗志。

此刻，希罗多德才缓缓提及冈比西斯二世杀害亲弟弟巴尔迪亚的事情。冈比西斯二世在梦中看到弟弟巴尔迪亚坐在王座上，头刚好触碰到了天。醒来后的冈比西斯二世认为这是上天给他的预警，弟弟将会夺取他的王位。忧心忡忡的冈比西斯二世立即叫来军官普雷萨斯佩斯去刺杀弟弟。冈比西斯二世的军队还未走到埃克巴塔纳时，恰有从苏萨而来的信使来报。这位信使宣称波斯军队应立即拥立巴尔迪亚为王，放弃冈比西斯二世。普雷萨斯佩斯在接受询问时发誓说，他亲手杀死并埋葬了王子。

此刻，冈比西斯二世才明白，梦里的篡位者并不是自己的弟弟，他为自己白白被害的弟弟放声痛哭。他下令军队开拔进攻篡位者。冈比西斯二世刚跨上马，剑鞘突然掉落，利剑深深扎进他的大腿，伤处和他刺伤阿匹斯神牛的位置一样。这仿佛是不祥的预兆，若有所思的冈比西斯二世抬眼看了看这个地方，询问这是哪里，当他得知这是埃克巴塔纳时，心中涌起一阵无力，因为多年前的神谕指出，埃克巴塔纳会是冈比西斯二世的坟墓。他曾沉浸在美好的梦想中，幻想着在米底亚度过晚年，但他现在即将到达人生旅程的终点。

这位昔日容光焕发的暴君如今已了无生气，他在余下的日子里，向朝臣哀叹自己的恶行，并劝告他们勇敢地挺身而出，反对企图把波斯交给篡位者统治的阴谋。这位昔日的国王已经没有什么权威，因为普雷萨斯佩斯又站出来说自己根本没有杀害王子，他拍着胸脯的样子像极了当初他向冈比西斯二世保证他亲手处理掉巴尔迪亚一样滑稽。

国不可一日无主，一位祭司趁着混乱冒充巴尔迪亚，成功当上了波斯王，不过他的统治终结于一次意外：在冒牌波斯王睡觉的时候，欧塔涅斯（Otanes）[1]的女儿趁机摸了他的头，惊觉这位国王没有耳朵，这是罪犯才有的特征，他是一个彻头彻尾的冒牌货。

欧塔涅斯当即召集六名贵族，组成了一个七人同盟，这六名贵族中也包括希斯塔斯佩斯[2]的儿子——大流士一世（Darius I the Great）[3]在内。形成联盟后的第一件事情就是杀了冒牌货和他的随从，第二件事情就是讨论国家未来政权的形式。欧塔涅斯坚持认为共和国是唯一能保障统治者履行责任的正确模式。迈加比佐斯[4]的观点与之

[1]　波斯帝国贵族，波斯七贵之一。曾协助大流士一世镇压高墨达暴动，夺取波斯政权。他主张采取民主政治，被认为是最早提出法律面前人人平等的人。——编者注

[2]　冈比西斯二世的堂兄弟，大流士一世的父亲，阿契美尼德王朝的重要人物，曾担任波斯帝国巴特克里亚地区的总督。——编者注

[3]　波斯帝国第三位国王，出身阿契美尼德家族旁系，曾随冈比西斯二世出征埃及，统帅“不死军”。曾用不到一年时间平定各地叛乱，统一帝国。在位期间实施改革，极大增强了波斯的国力，被称为“铁血大帝”“万王之王”。——编者注

[4]　阿契美尼德王朝时期的波斯将军，曾经是叙利亚的总督。——译者注

大流士一世

相反，他认为共和制度容易产生暴民，而暴民远远比暴君更可怕，所以他主张寡头政治。大流士一世则支持君主制，他认为只有在君主制度下，统治者才能够将这个国家治理得井井有条。三个人据理力争，秉持自己的观点毫不退让，但最终他们还是各退一步，决定在他们三个人当中选出一个作为国王。他们约定第二天一大早就一起骑马，谁的马先发出叫声，那么谁就是国王。大流士一世的男仆对这件事情十分上心，他会确保自己的主人能够成为国王。

不过这些说法大部分都是希罗多德从埃及听来的，这些故事的真实性还有待考究，毕竟，被侵略的国民对于入侵者向来厌恶。在贝希斯敦（Behistun）[1]的石碑上记载了许多有悖于传统历史的故事，但毕竟这是当时留下来的文化产物，甚至比波斯人留下来的历史记录都更真实。

根据碑文的记载，冈比西斯二世的弟弟其实早在进军埃及之前就已经被谋杀，冈比西斯二世本人则自杀而死，篡位者不是巴尔迪亚，

[1]　刻于贝希斯敦（今伊朗克尔曼沙汗省）的铭文。为纪念大流士一世平定高墨达暴动及各地叛乱的功绩，大流士一世命人用埃兰语、阿卡德语和波斯语三种语言将其战绩刻在悬崖上，有极高的史学研究价值。——编者注

而是一个名叫高墨达的拜火教僧侣。他的叛变不同于人们所想的攫取权力，而是出于对拜火教一神论的忠诚，他希望恢复琐罗亚斯德创建的古老传统。而对于人们所关注的高墨达残疾的原因，欧塔涅斯女儿背叛他的缘由，以及七人同盟的阴谋如何得逞的手段，碑文上只字未提。依照希罗多德的记载，大流士一世是最后一个加入七人同盟的，这与铭文相悖，大流士一世自己断言，在他之前没有人敢反抗高墨达。至于七人同盟，他也未曾提及，只说自己与他最忠心的人一起杀死了高墨达。而对于他依靠马夫的诡计成为国王的故事，大流士一世则声称，高墨达从冈比西斯二世手中夺去的帝国本就该属于自己的家族。如果希罗多德故事中的细节是真实的话，即使铭文中没有原文直接对应，至少也会略作提及。

高墨达的死亡带来一连串连锁反应。希罗多德提到，高墨达的死亡引起了对反叛者的大屠杀，而大屠杀则会引起混乱和无序。为避免酿成更大的悲剧，大流士一世只好采取强硬措施，镇压那些在混乱中反叛的总督，贝希斯敦的碑文也佐证了这个观点。碑文大致刻画了大流士一世统治早期忙于镇压叛乱的事件，不过高墨达的死亡并不能浇灭米底亚人恢复至高无上权力的斗志，但他们没什么好运，惨遭失败。最为激烈的当属巴比伦叛乱，为镇压巴比伦人，大流士一世甚至下令拆除巴比伦城墙。风波平息后，巴比伦已经沦为波斯帝国的一个省，佐皮罗斯[1]成了巴比伦的总督。

大流士一世还有一位劲敌，那就是吕底亚的总督奥里蒂斯，一位曾因谋杀萨摩斯的独裁者波吕克拉忒斯而臭名昭著的总督。在冈比西斯二世的铁蹄还没有踏及埃及前，波吕克拉忒斯就是萨摩斯岛的主宰，

[1]　波斯贵族，他的儿子是迈加比佐斯。——译者注

贝希斯敦铭文

波吕克拉忒斯与雅赫摩斯二世

是埃及法老雅赫摩斯二世的亲密伙伴。但两国的联盟是靠利益维系的。

这个联盟的瓦解源于雅赫摩斯二世的一次忠告：自己的盟友向来好运，但他担心这种好运会招致天神的嫉妒。他劝告自己的朋友用自我牺牲的方式换取平安。波吕克拉忒斯听从了雅赫摩斯二世的建议，将自己最珍爱的戒指投入海中；几天后，他在自己晚餐的鱼腹中发现了这枚戒指。雅赫摩斯二世惊慌不已地背弃了同盟，他坚信朋友的好运会遭受神罚。他脱离联盟，让神罚到来时自己不必太过伤心。

但事实更有可能是波吕克拉忒斯背叛了盟友，他为波斯王提供了军队。冈比西斯二世非常愉快地和波吕克拉忒斯达成一致，波吕克拉忒斯也希望借此机会肃清国内的反对势力。

被驱逐出境的萨摩斯人狼狈逃到斯巴达，千方百计说服斯巴达与科林斯联合围攻萨摩斯都城，希罗多德曾将这里描述为世界上最富丽堂皇的大都市。斯巴达人并不擅长攻城战，在他们包围城市四十天后便草草收兵，斯巴达人的第一次亚洲远征就这样无功而返。

根据希罗多德所处的时代以及他本人的信仰来看，萨摩斯在波吕克拉忒斯的统治下繁荣昌盛，他本人也与当时知名的诗人阿那克里翁交好，文学的繁盛让萨摩斯岛蜚声于世，波吕克拉忒斯本人也洞悉人事浮沉。故事以悲剧收尾：波吕克拉忒斯死于奥里蒂斯的阴谋诱杀。历史学家认为这位波斯总督是高墨达的重要支持者，这也解释了他为什么如此执着于反抗大流士一世。我们不知道战争的细节，但我们能知道：奥里蒂斯最终被杀，波吕克拉忒斯流亡的兄弟叙罗松（Syloson）继任萨摩斯的僭主。从此，希腊最伟大的城市归附在大流士一世脚下。但他更长于内政而非军事。对波斯人来说，他不是带领波斯人走向军事胜利的父亲，而更像个精打细算的小贩。

之前历代波斯王都有随意强征赋税的行为。大流士一世上台后，将全国划分为二十个行省，清查土地，明确应缴税收份额。这一改革确定了每年的税收份额，超过定额的税收数则取决于各地总督与包税人的贪婪程度与良心。希罗多德谨慎地记述了亚洲希腊人所承受的负担。与卡里亚人、吕底亚人以及其他的一些部落相比，爱奥尼亚人每

波吕克拉忒斯被波斯人绑在十字架上

年要支付四百塔兰特的白银，而迈西亚人和吕底亚人总共才需支付五百塔兰特的白银。按这种说法，整个帝国的收入大约是四百万，英国财税收入的四分之一。相比于前任，大流士一世发展了中央集权，他将铸币权收归中央，在每个行省建设四通八达的驰道与驿站，从萨狄斯到苏萨只需要沿路走九十天。尽管大流士一世为加强国王权威做出了许多努力，但波斯帝国的本质没有改变，它仍然是由各独立部落组成的松散集合体，没有共同的感情基础，没有完善的制度阻止国家内部外部的衰败。

大流士一世后期的统治深受两件事的影响，这两件事都与希腊人有关，并在他儿子的时代重创了他的帝国，前一个事件解释了大流士一世派远征军到意大利南部希腊定居点的原因。在希腊人中，有位克罗顿的医生迪莫塞迪斯（Demokedes）颇为重要，他曾是波吕克拉忒斯的医生，又因治好了大流士一世的足疾而成为波斯御医。但对他而言，鱼与熊掌不可兼得，相比于自由，财富毫无价值。

迪莫塞迪斯曾以为自己再也不能返回家乡，直到他成为大流士一世王后阿托莎的御医时，他隐隐感觉自己的机会来了。他与阿托莎达成了交易，让她向大流士一世进言远征。

阿托莎按照约定去参见大流士一世，批评他丧失斗志，不去开疆拓土。“一个坐拥强大帝国的霸主应建功立业，向波斯人昭示他们的王是个真正的英雄。”阿托莎说。大流士一世解释自己很快就会去远征斯基泰。阿托莎明显不满意他的回答，她讽刺道：“斯基泰不值一提，我听说希腊的女人很美，我要她们做我的婢女。你身边的御医能帮你占领希腊。”纵使阿托莎费尽口舌，大流士一世也没有直接答应她的要求，而是派迪莫塞迪斯跟随船队侦察斯基泰。

迪莫塞迪斯决心将船队带往意大利。到达塔拉斯后，他说服那里的独裁者关押了船队的波斯船员，自己却溜回了克罗顿。而这些波斯人好不容易被释放出来，最终不是沉入大海，就是被变卖为奴隶。用赎金获得自由身的波斯人回国觐见大流士一世，向他传达迪莫塞迪斯的消息，这位医生已经与当地摔跤手的女儿成家，无法返回波斯。这次明目张胆的背叛给大流士一世带来巨大的打击，但是他不动声色，没有将任何愤怒的情绪表达出来。

另一件对大流士一世有影响的事件是攻打斯基泰，阿托莎出于私心，请求大流士一世推迟进攻计划。从政治动机上分析，派遣迪莫塞迪斯去侦察斯基泰是完全没有必要的。为了回到家乡克罗顿，迪莫塞迪斯不惜将所有希腊城邦置于危险境地，这种做法实在匪夷所思。的确，因为当时庇西特拉图还在掌权，波斯的船队本应在雅典受到欢迎，但是居鲁士二世灭亡吕底亚、压迫亚洲希腊人，这引起了希腊城邦的公愤，希腊人必然不会让波斯船队安全通过伯罗奔尼撒的海岸。

从政治手段来看，大流士一世本可以采取更为明智的方式去分化希腊人，他仍然有雅典政府的支持。可是他并没有这样做，这也代表他当时并不想侵略希腊，终结于马拉松战役的那次远征也很可能是庇西特拉图家族的阴谋。从另一个角度看，也会发现迪莫塞迪斯的故事略显多余。因为克洛伊索斯的失败才是波斯人与亚洲的希腊人发生冲突的导火索。就算没有迪莫塞迪斯从中作梗，阿托莎也会想到买希腊少女当她的侍从，希波战争是必然会发生的。阿托莎责备大流士一世怠惰只是一个幌子，毕竟大流士一世在位期间勤勉从政，从来没有落下怠惰的口实。

接下来将详细展开大流士一世远征斯基泰的细节。这次的远征与未来的马拉松战役的主角们——米提亚德（Miltiades）[1]、达提斯（Datis）[2]和阿特弗尼斯（Artaphernes）[3]等人息息相关。大流士一世率领军队通过船桥渡过博斯普鲁斯海峡，一路经过色雷斯到达多瑙河(Danube)。那里的爱奥尼亚人为了让大流士一世的军队顺利通过，专门为他准备了另一座船桥，大流士一世军队正是用这座船桥才成功渡过了多瑙河。大流士一世原本计划等渡河成功后立即把这座船桥拆

[1] 雅典著名的政治家，也是马拉松战役的统帅，因击败波斯而一战成名。此时为色雷斯小国科尔松尼斯的僭主。——译者注

[2] 大流士一世时期波斯舰队司令。——译者注

[3] 大流士一世的哥哥，也是萨狄斯总督，同时任职波斯统帅。——译者注

掉，但是米蒂利尼[1]的僭主戈榴什警告：他拆桥可能会遭遇粮草危机。大流士一世听从戈榴什的警告，命令爱奥尼亚人看守这座船桥，如果他在六十天内没有回来，就毁掉这座桥。

大流士率领波斯军队攻打斯基泰人，大军刚抵达斯基泰，就被引诱渡过塔纳伊斯河（Tanais）[2]抵达亚速海（Oaros）附近，斯基泰人以身为饵引波斯军队向西而去，大流士一世中计追击，却怎么追也抓不到目标。忍无可忍的大流士一世派遣信使，向斯基泰的国王传达他的口谕，要么投降，要么像个男人一样决战。斯基泰人回复说，他们只是依照平常的习惯四处游牧而已，如果大流士一世想知道他们是怎么打仗的，首先就应该去斯基泰人祖先的坟墓前祭拜一遍。无可奈何的大流士一世只好继续追击，却意外发现，斯基泰骑兵容易被波斯军队中那些长相丑陋、叫声奇怪的驴和骡子惊吓。

斯基泰人派遣信使送给大流士一世四件礼物，分别是一只鸟、一只老鼠、一只青蛙和五支箭。大流一世认为这些信物代表的含义分别是战马、土地、水和武器，意思是他们愿意向大流士一世投降。但令大流士一世沮丧的是，它们也可以被解释为一种警告，这代表着，除非他们像鸟儿一样会飞、老鼠一样会钻地、青蛙一样会入水，否则他们就会被斯基泰人用乱箭射死。

惊惧的大流士一世下令撤退，准备渡过多瑙河，但斯基泰人抄近道先一步赶到船桥处，并极力说服爱奥尼亚人毁掉船桥，这样他们就

[1] 米蒂利尼是在公元前11世纪平地而起的城市，它坐落在莱斯博斯岛的东南部，是岛上十三个行政郡县之一，也是北爱琴区的首府和东正教的大主教区。在公元前337年到公元前335年，亚里士多德也曾在这里旅居过。——译者注

[2] 俄罗斯顿河旧称。——编者注

能重获自由，不用受波斯王权的制约。米提亚德非常赞成斯基泰人的提议，波斯的其他希腊同盟也对此表示赞成。

在这关键时刻，来自米利都的希斯缇艾厄斯[1]警告他们，他们只有在大流士一世的支持下才能继续维持他们的独裁统治。形势为之逆转，米提亚德被迫站到了十一个独裁者的对立面，其中有六个人来自赫勒斯滂，四个是爱奥尼亚城邦的僭主，剩下的一个是库迈（Kymê）的爱奥尼亚人——阿里斯塔格拉斯[2]。于是，狡猾的希腊人假装同意斯基泰人的提议，甚至还催促斯基泰人与大流士一世进行决战。斯基泰人立即整顿军马寻找波斯的主力军，大流士一世则趁此机会渡过多瑙河。惊觉中计的斯基泰人追悔莫及，只能痛骂那些抱着镣铐不放的爱奥尼亚人是懦夫，以解心头之恨。

就这样，斯基泰与波斯之间的战争结束了，发生在多瑙河的一切就像一团迷雾。在这个故事里，百万大军在没有足够补给的斯基泰四处漂泊，但灌溉黑海以北广大地区的大河却被遗忘了；波斯人向东行进七百或八百英里的旅途中只渡过了像塔纳伊斯河这样的大河，而斯基泰人却并未抓住机会摧毁波斯军队，即使后者撤退时仍然沿着这条路。波斯人的战争借口是报复百年前斯基泰人对米底亚的杀戮，但这个借口并不比波斯进攻埃及是为了给被拉美西斯二世屠杀的先民报仇更具说服力。

多瑙河畔发生的事件让旁观者清醒地意识到，不管是爱奥尼亚人

---

[1] 希斯缇艾厄斯是大流士一世的一名手下干将、米利都的僭主，曾与大流士一世一起远征过斯基泰。——译者注

[2] 阿里斯塔格拉斯是活跃在公元前6世纪晚期到公元前5世纪早期的米利都统帅，在早期反抗波斯侵略的爱奥尼亚暴动中起到了举足轻重的作用。——译者注

忠于大流士一世，还是斯基泰人竭尽全力反抗侵略者保卫家园，这些都是流于表象的浮夸，并不是真实的。不管希腊人做出怎样的抉择，抛弃大流士一世抑或是支持他，他们都会力求斯基泰人留在河岸。

这无非就会产生两种结果，一是斯基泰人败在波斯人的铁骑下，成为他们的牺牲品；二是俘虏波斯人，成为至高无上的霸主。斯基泰人显然完全掌控了波斯人的行踪，他们知道大流士一世为了避免被全歼必须要急行军过桥。但他们听从了爱奥尼亚人的谗言，离开桥边寻求决战，错失良机；倘若守株待兔，必能彻底歼灭波斯军队。他们的军队屯驻于东岸，还在桥前留下了几英里的空地，否则大流士一世在劫难逃。

希腊人将波斯王的失败描绘得过于惨烈，甚至将胜利捏造成失败，这也符合人的天性。当大流士一世在多瑙河撤军后，命运女神仿佛开始垂怜大流士一世，他如愿以偿地征服了色雷斯人，将军迈加比佐斯负责的战线也捷报频传。毫无疑问，这引起了斯基泰人的憎恨，他们不仅偷袭了科尔松尼斯（Chersonesos）[1]，还派人到斯巴达谋求合作。尽管如此，迈加比佐斯的斯特里蒙河岸之旅畅通无阻。伊多尼安人的城镇米勒基诺斯[2]就在河口附近。这里不仅有肥沃的土地，还有丰富的矿产资源。大流士一世准备在这里犒赏三军，希斯缇艾厄斯请求大流士一世允许他在这里圈占土地，戈榴什则成为米蒂利尼的统治者。

[1]　属于色雷斯人的一个城邦，位于达达尼尔海峡的左侧的半岛。——编者注

[2]　古希腊马其顿中部地区的一个小村庄，坐落在斯特里蒙河岸。——译者注

在这个时期，波斯的统治范围已经囊括了佩奥尼亚人（Paionians）[1]的居住区、马其顿人的部落和利姆诺斯岛，不过利姆诺斯岛并未被波斯人统治太久。后来，雅典人米提亚德占领了利姆诺斯岛，导致这座岛屿与雅典人、未来与希腊人和欧洲人都建立起密不可分的联系，顺理成章地成为反抗东方暴君的桥头堡。

[1] 古代巴尔干半岛的一个民族，他们居住在今天的北马其顿共和国及其周边地区。佩奥尼亚人在历史上曾与多个民族和帝国有过接触和冲突，包括希腊人、罗马人、波斯人等。在亚历山大大帝征服波斯帝国的过程中，佩奥尼亚人曾作为马其顿军队的一部分参与战斗。——编者注

第四章

雅典风云

当时的雅典正处于僭主统治时期。在欧洲积极扩张的大流士一世自然不会忽略雅典。但雅典反抗的激烈程度远超大流士一世和他军队的想象。在此之前，大流士一世对雅典的看法和对希腊其他城邦的看法一样，认为它们早就习惯了生活在专制统治之下。然而是什么导致了雅典的僭主和科林斯相比有着截然相反的结局呢？要想得出答案，我们先要理解僭主政治在早期希腊城邦生根发芽的土壤。

和雅利安社会相同的是，希腊人天生也更偏爱家长式的独裁专制。家长代表着先祖，可以依靠宗教的约束来管理家庭，虽然他们活着的时候和居于洞穴之中的野兽没什么两样，可是一旦他们死去，成为先人，就变成全家人最崇敬的对象了。随着时间的推进，家庭慢慢发展为氏族，氏族联合发展为部落，部落之间结盟形成城市，但权力构建的原则并没有任何变化。

无论是家庭、氏族还是部落、城市，都有各自的祭坛和仪式，法官、祭司、王三位一体。不过，不管是部落首领还是氏族族长，都有成为联盟共主的野心。通过实力强迫其他部落臣服，通过控制教权维持权威，进而实现“家天下”。

在东方世界，奴隶制已经根深蒂固，东方人对待君王理应卑躬屈膝、心生敬畏，这一观念逐渐加深。君主是神的代理人，只需要在某些特定场合仪表堂堂、威风十足地出现在大家面前，其余时间便居于深宫保持神秘感，成为人民崇拜与恐惧的对象。这种执政理念在亚洲和非洲颇为常见。虽然很多希腊城邦也开始建立世袭君主制，但是世袭君主和推翻宪法的僭主并没有明晰的界限。

的确，对前者而言，希腊人声称自己并没有特别反感，但后者则是一头野兽，无论用什么武器、用什么方法都可以追捕。实际上，希腊人认为巴西琉斯（Basileus）[1]并非一种生长在希腊土地上的本土产物，他们也不会像对待苏撒、尼尼微和巴比伦君主那样轻易地对希腊国王表达尊重。因此，每当一个希腊家族大权旁落，就会有新的寡头取而代之，严格来讲，这是一种早期政府形式的回归。大族酋长们恢复了自己的权力，此前他们曾被迫让渡部分给国王。所以，君主制向寡头政体转变的过程并不激烈，甚至没有什么骚动。

看起来，寡头统治的希腊城邦正走在宪政秩序与自由的大道上，但事实并非如此。尽管寡头不会忽视在他神圣血缘家族以外的广大人民，但他不会对他们负责。他与那些被他祖先降格为臣民或奴隶的人没有亲属关系，自然也就不会有共同信仰。没有共同信仰，政府便不能正常运行，因此，寡头们宣称，普通人对权力的追求是一种亵渎的行为。所以对于那些艰难求生的底层民众来说，不管是王权政治还是贵族寡头政治，都没有太多区别。唯一的不同在于，寡头们或许会为

[1]　巴西琉斯源自古希腊词汇，意为国王、君主。它不仅是世俗统治者的称谓，还蕴含着宗教司法权力。拜占庭帝国时期，巴西琉斯成为皇帝的正式称谓；在《新约》中，耶稣基督也被赋予巴西琉斯的称号。——编者注

了自己的某些目的以公正之名拉拢百姓，许诺让利于他们。但这只是野心家最常用的夺权方式罢了。

煽动者有共同的特性，他们会斥责别的世袭贵族的冷漠自大，并且捏造出一些虚假证据。篡位者会煽动民众以他为领袖作战。下一步他会寻求控制军权，若是条件允许的话，他还能从外国聘请雇佣军，实现自己的目的。

要是想知道独裁专制是怎样建立的，又是怎样被推翻的，可以研究雅典庇西特拉图家族的专制史。当我们发现希腊其他城市在同一时期或更早时期的故事或多或少与雅典传统相似时，我们也许可以得出结论：寡头替代王权，僭主又行篡夺，其使得人民对于一人独裁专制深恶痛绝，但希腊人民的民主精神也在政权的更迭中不断进步，民主之花终会盛放，到那时便能扫清一切阻碍，随心发展。雅典有一个独一无二的变化——在庇西特拉图掌权之前，梭伦推行了著名的政治改革。根据梭伦自己的描述，我们可以推测当时雅典境内的局势并不安稳，国内统治者尸位素餐，视法治如儿戏，奉暴力为圭臬，穷人委身为奴，甚至被卖到外国。不过这并非社会的全貌。在梭伦进行政治改革后，梭伦曾用土地来比喻人，这个人曾经被当作奴隶，现在梭伦将他解救

梭伦

出来并且将围栏通通拆去，还把侵略者所霸占的土地赎了回来；许多人通过他的努力从外国的囚禁中被解救出来，而那些在阿提卡土地上沦为奴隶的人，他们曾在那些奴隶主面前颤抖，现在被提升为自由人。在梭伦的描述中，我们还可以知道那时候的雅典人其实被划分为了两个阶层——一种是坐拥千亩良田、身体内流着蓝色血液的世袭贵族，另一种是农民、雇工（Thetes）[1]。后者又被称作“六一汉”，他们是“六一税”的受害者，他们租种土地，需要将收获的六分之五上交。农民若是违背了这一契约，就只能任由地主摆布，因为地主每年都会记录农民的缴税情况，并且将其亏欠的税负转换成债务，让他们在下一年偿还。可以肯定的是，当这笔债务上升到无法以实物偿还的地步时，地主可能会把佃户和他的家人变卖为奴。佃农靠天吃饭，这就表明他们随时都可能被卖去当奴隶，而在这些农民当中，极少有人能够改变自己的命运。在这片被神圣的界石团团围住的土地之上，这些人也许一辈子都只能做一个无情的农耕机器。而梭伦所说的围栏便是雅典周围的界石。

严格来讲，一些家族的家主可以被称为僭主，那些可怜的农民只能卑微地站在他们面前，颤颤巍巍地递上租金，然后继续去土地上劳作，勉强度日。这种租用土地的方式对于连这些权利都没有的劳动者来说，在表面上看来也算是一种进步了。我之所以说这是表面上，是因为农民的收入只能取决于田地的收成和地主们的心情，所以这并不能算是真正意义上的进步。简而言之，他无法依靠法律获得自由，而且还缺少恢复其自由的钱。若是当时的情况不能加以改变的话，梭伦

[1]　他们没有土地，以帮工为生，也可将其看作是“无业游民阶级”。——编者注

也许会说出真正的情形：土地都掌握在富人们的手上，底层人民即使是想反抗也只是蚍蜉撼大树罢了。不过这种状况不可能一直持续下去，一直被压抑、被剥削的农民们要么打破旧制度进行土地再分配，成为自由的土地支配者，要么就退回到之前被奴役的状态。

面对越来越严峻的社会现状，梭伦适时推行他计划已久的土地改革制度——解负令（Seisacktheia）[1]。他所说的话也都在暗示着土地改革的必要性。梭伦将土地从贵族手上分了出来，让农民们可以少一些负担，不必再像从前那样交大笔的银钱，不过自由劳动者和小地主们的负担还是一如既往的沉重。

解负令是梭伦的改革政策之一。在阿提卡地区有大量不属于任何部落的人口，没有宗教归属也没有政治特权，对于贵族而言，这些人是不配进入国家政府机构的。可是在这群人当中，一些人的确是有能力去帮助国家发展的。若是梭伦想借助他们的力量，那么他就只能将社会阶层进行新的划分，抛开血缘关系，只以公民财富为标准。

梭伦以年收入将公民分作四个等级，不过那些有公职和荣耀的贫困贵族并不在此列，梭伦认为旧贵族的继承是不可转让，也独一无二的。若是一个人的年收入低于五百蒲式耳（bushel）[2]的小麦，那么

[1] 该法令规定：废除所有债务奴隶，禁止借贷以人身做抵押；因欠债而卖到外邦做奴隶的农民，由城邦赎回；规定了占地的最高限额。这一制度抑制了贵族无休止的土地兼并，释放了劳动力，扩大了公民基础；同时减少了奴隶数量，迫使雅典人为获得更多奴隶走上奴役外邦人的道路。——编者注

[2] 一种容量单位，计算谷物或是水果的容量。——译者注

他就无权成为战神山议事会（Areopagus）[1]的议员，也不能担任执政官或是地方法官。担任公职满一年的人应通过年末的考核，官员们也该对他们的政策做出合理解释，这也导致官员可能会因其不法行为遭到弹劾。

全体公民参加公民大会并投票选举出政府官员，之前被贵族们叫作“四等民”的阶级也有这个权利。已经没落的贵族被从高级官职中排除，这确实是突破了之前以宗教和血缘为联系的专制主义，但是部落和国家之间的关系没有发生任何变化。公民无论贫穷还是富有，都

战神山

[1]　战神山议事会是古代雅典的一种政治机构，因会议厅设在雅典卫城以西300米高的战神阿瑞斯山丘而得名，是雅典的最高刑事法庭，也是西方现代法庭的雏形。——编者注

只能在成为某一部落的成员之后，才有成为执政官或是战神山议事会议员的资格，才可以进入四百人会议。而四百人会议由雅典的四个部落各自选出一百人组成，决定公众集会上提交的提案。

梭伦让公民在公民大会中都有自己的位置，让他们参与到司法官员的选举中，有权在年底的时候考核官员们的工作表现。梭伦保障了公民对执政官的申诉权，确保了公民大会相对于世袭贵族们的独立性。公民大会将会以公民自由的紧密结构为基础，但这仍不完善：没有宗教头衔的人和没有部落管辖的人一样，无权进入政府机关任职，所以梭伦推行的改革其实在无意间助长了专制寡头政治，梭伦自己也认识到了这一事实。梭伦曾说自己为了改善民生呕心沥血，事实的确如此，梭伦让雅典人维持了十年甚至是一个世纪不改变他的法律，改变也不

梭伦要求保留自己的改革不变

可能出自他自己，因为他自己已去职往埃及和塞浦路斯朝圣。他也去过萨狄斯，可他的作品中没有任何与萨狄斯相关的描述，也不可能有，因为在他立法后的近五十年克洛伊索斯才倒台。梭伦回到雅典后，国内局势大变，各党派之间的斗争使得国家动荡，曾经那个适合梭伦进行改革的安稳局面荡然无存：利库尔戈斯（Lycurgus）得到了代表旧贵族地主的平原派的支持；阿尔克米昂家族[1]的首领麦加克勒斯[2]与沿海一带的工商业奴隶主成立了海岸派；庇西特拉图则成为代表平民的山地派的领袖。在随后的斗争中，梭伦有预感——庇西特拉图将会入主雅典，但他呼吁雅典人团结起来反对独裁的努力最终付诸东流。

他披上铠甲，精神恍惚，独自立于门边，无力地安慰着自己——做到现在这样已是问心无愧了。对于诸如他怎么样才能躲开敌人的报复这样的问题，梭伦的答案也只有一句“我已经老了”。传言称庇西特拉图并没有伤害梭伦，这个一心为国谋取自由，甚至敢冒天下之大不韪的人在一片安详之中，悄然离世。他一生顶天立地，万事以民为先，从不向命运低头，即使面对庇西特拉图也毫无惧色。

庇西特拉图的成功足以说明雅典的民主精神发展仍然迟缓，他通过山地平民派的支持入主雅典。他指着自己和战马身上的伤口声称自己摆脱了雅典城中敌人的刺杀。他希望大家可以增派士兵来保护他，据说梭伦对此极力反对，但他的话如石沉大海，人们答应了庇西特拉图的请求。在要求得到满足后，庇西特拉图丢掉了伪装，在长矛兵的

[1]　阿尔克米昂是古雅典最为显贵的世家，其名字来源于希腊神话中的海神之子米勒斯。其家族与庇西特拉图家族长期争斗。——译者注

[2]　公元前6世纪的雅典政治家，阿尔克米昂家族家主。——编者注

庇西特拉图入城

支持下占领了雅典卫城（Akropolis）[1]，麦加克勒斯也带着整个家族逃之夭夭。

庇西特拉图便这样掌控了雅典的政权。根据希罗多德的描述，庇西特拉图是一个擅长管理的英明君主，但是他并没有推行宪法改革。他一直认为梭伦改革在精神上是寡头统治。相比于其他希腊城市，雅典人获得了开明专制所带来的利益。庇西特拉图及其继任者足够英明，可但他们的统治总是一波三折的，很快，他们面对的首次挑战便来了。庇西特拉图可以轻易掌控雅典，是因为雅典内部纷争不断。但平原派

[1] 古希腊最杰出的古建筑群，是雅典的宗教、政治中心，位于雅典市中心的卫城土丘之上，始建于公元前 580 年。希腊语音译为“阿克罗波利斯”，原意为“高处的城市”或“高丘上的城邦”。——编者注

和海岸派迅速联合使他被驱逐出境。庇西特拉图为了重建自己的统治，与海岸派的麦加克勒斯握手言和了，可是当他们的联盟破裂后，庇西特拉图又一次被流放。庇西特拉图在流放中度过了十年，他巧妙地占领了马拉松，没有遇到抵抗，出其不意地打败了雅典反对者的军队。

庇西特拉图第三次成为雅典的主人，这次他下定决心要将平原派和沿海岸派的反抗者斩草除根。麦加克勒斯因此带着他的支持者们离开了，其他反对者被迫交出人质，他将人质交给纳克索斯岛[1]的僭主看管。庇西特拉图最终依靠色雷斯雇佣军稳固了自己的统治。

年幼的希庇亚斯

庇西特拉图在公元前527年去世，他的两个儿子希庇亚斯[2]与希帕克斯[3]继承了其父温和克制的执政风格。可惜他们的施政并不能让其安枕无忧。这两人所面临的危险都是他们本身的恶习造成的。希帕克斯爱好风流，想将美貌的哈

[1]　希腊的一座岛屿，是基克拉泽斯群岛中面积最大的岛，距雅典比雷埃夫斯港仅103海里（190.76公里）。岛上金刚石储量极大。——译者注

[2]　庇西特拉图之子，雅典僭主。被斯巴达克里昂米尼一世驱逐。希庇亚斯后来成为薛西斯一世的顾问。——译者注

[3]　庇西特拉图之子，在公元前514年遇刺身亡。——译者注

莫迪斯占为己有，毫无廉耻之心。亚里士托吉坦[1]在知道希帕克斯的不轨之心后，既怕又怒。庇西特拉图家族也因此惹来大祸。同样的祸事也曾降临到希腊和其他地方的别的统治家族的头上。亚里士托吉坦在有心之人的帮助下打算趁着雅典的泛雅典娜节游行之际偷袭希帕克斯。在这一天，亚里士托吉坦的一个属下在和希帕克斯窃窃私语，亚里士托吉坦害怕自己的计划被泄露，因此在仓皇间立即出手刺杀了希帕克斯并且逃之夭夭。此事发生之后，继位的希庇亚斯变本加厉，猜忌之心更甚，整整四年间雅典都陷入了一片腥风血雨中。在修昔底德时代，很多人都认为庇西特拉图的长子希庇亚斯接手政权，亚里士托吉坦之举不但为自己报仇雪恨，也让雅典得到了解脱。

在雅典，有一首流传度极高的歌曲叫作《桃金娘花冠》，歌中神化了杀死暴君的那把剑，称平等的法律再度降临雅典，雅典的后人们都能得到解脱，重回公正。这些说法证明了希帕克斯死于刺杀的说法的真实性。不过修昔底德对此事持有不同意见，原因有二：一是希庇亚斯才是庇西特拉图的长子；二是在希帕克斯逝世后，庇西特拉图家族的统治并没有覆灭，希庇亚斯的执政更加残暴。但是希帕克斯的暴毙也给了希庇亚斯一个警告，告诉他暴风雨即将来临，他必须提前准备好应对方案。希庇亚斯将精力放在了波斯王身上，这也为雅典及世界历史带来了重大影响。

吕底亚王国灭亡后，波斯的势力已抵达达达尼尔海峡附近，希腊

---

[1] 哈莫迪丝和亚里士托吉坦是一对恩爱情侣，他们合谋杀死了希帕克斯，因此而名扬天下，是古雅典民主的代表。——译者注

米提亚德

的殖民城市西吉昂（Sigeum）[1]也成为波斯的附庸。希庇亚斯派未来马拉松战役的胜利者米提亚德担任西吉昂城所在的科尔松尼斯半岛的总督。米提亚德在雇佣军的帮助下掌握了政权，并与色雷斯人的首领奥洛勒斯之女联姻。希庇亚斯发现了政治联姻的优势，于是主动把自己的女儿下嫁给兰普萨库斯（Lampsakos）[2]僭主的儿子，他不在乎他的亲家同波斯的大流士一世来往甚密，也不在乎雅典人对兰普萨库斯人的轻视。如此一来，他在西吉昂便有了避风港，同时又拉拢了兰普萨库斯的统治者，获得了接触波斯人的机会。

在希庇亚斯为了自己的安全而煞费苦心之时，阿尔克米昂家族正在筹谋着怎样将他赶出雅典，这是希庇亚斯最担心的。希庇亚斯将女儿嫁出的五年前，德尔斐突遇大火。重修神殿之事便落到了阿尔克米昂家族身上，经他们之手修好的神殿完整如初，对于合约所提的各种标准他们也是超额完成。

阿尔克米昂家族为自己而骄傲，他们向神庙许愿：任何前来求助神灵的斯巴达人都会得到阿波罗同样的回复——雅典人终将获得自

[1]　古希腊殖民地，位于小亚细亚的特洛伊地区，靠近达达尼尔海峡。——编者注

[2]　古希腊城邦，位于今土耳其拉普塞基附近。——编者注

德尔斐神殿

由，而斯巴达人将成为雅典人的助力。德尔斐祭司开始小心帮助阿尔克米昂家族完成心愿。斯巴达人得到这种违背他们本心的神谕，不得已发兵海路攻打希庇亚斯，不过有人泄密，提醒了希庇亚斯。

双方在法勒隆平原作战，斯巴达将军被杀死，军队作鸟兽散。同样地，为了遵守神谕，斯巴达人在克里昂米尼一世[1]的带领下入侵阿提卡，只是他们的攻城技术水平一直被人诟病，他们也越来越厌恶执行这种他们并不情愿的任务。恰在此时，希庇亚斯的孩子在被偷运出雅典时也被斯巴达人俘虏。

最终，双方开始交涉，希庇亚斯为了自己的孩子们，愿意在五天

[1] 斯巴达国王，公元前519年登基。在位期间击败阿尔戈斯，正式建立起伯罗奔尼撒同盟，是斯巴达最有影响力的六位统治者之一；结局凄惨，精神失常后自杀。——编者注

内从阿提卡离开。终于，庇西特拉图家族的独裁政权在建起后的第五十年轰然倒塌，希庇亚斯这位最后的雅典独裁者来到了他之前便准备好的避风港斯卡曼德罗斯河岸[1]。雅典卫城中竖立起一根高大的石柱，柱子上记录着庇西特拉图家族统治时期的暴政及成员姓名，后世之人皆可引以为戒。

当希庇亚斯被赶出雅典后，梭伦立法中的原则迅速获得了极大的发展。梭伦之前推行的宪法体制向所有公民打开了参政之路，若不是独裁政治牵制，这一赋予绝大多数人以微薄权力的体制迟早会引起一场变革。

百姓们不可能长期忍受权力被剥夺的状况：有七成的公民无法参与到战神山议事会和执政官的选举之中，也无法参加四百人议事会的选举。而躲在雇佣军身后的独裁者，却可以利用这种宪法维护自己的专制统治。公民一旦失去了言论自由，那么他们在公民大会上就只能顺应统治者的想法，执政官也就会沦为独裁者的帮凶。梭伦提到执政官曾顺利传唤过庇西特拉图，但原告在庭审时没有出席。而在将希庇亚斯赶出雅典后，梭伦法令再次发挥效力，但是派系势力的复活又阻碍了这种效力，毕竟他们就是梭伦宪法所打击的对象。

阿尔克米昂家族的克里斯提尼因为向德尔斐女祭司行贿而臭名昭

[1]　特洛伊地区的主要河流，也是《荷马史诗》中特洛伊战争的主要战场。希腊联军的大本营就设在河口。此处即指西吉昂。——编者注

著，他和世袭贵族伊萨格拉斯（Isagoras）[1]分别代表了改革派与保守派。克里斯提尼在斗争中落败，但他随后赢得了广大平民的支持，用地区部落取代了原有的血缘部落，这触及了旧体制的基础。克里斯提尼因此赢得了非部落公民和有财无权的第四等阶级的支持。那些追随克里斯提尼的人都将他视作世上最聪明、最愿意做事的人，所以一旦他们产生不满的情绪，便会威胁到国家安全。克里斯提尼深知防患于未然的重要性，为了防止民怨滔天，他必须向阻碍民主政治的旧体制根基——血缘部落制亮剑。

想建造一个能和旧部落平分秋色的新部落是不可行的，在旧部落中增加氏族或家族被认为是对部落的不尊敬。万般无奈之下，克里斯提尼便只好让能够使全部雅典公民参加并且将行政区作为政治单元的新部落来取代血亲部落这一政治单元了。这种变化给世袭贵族带来极大的打击。伊萨格拉斯对此强烈反对。并非是伊萨格拉斯的敌视引发了克里斯提尼的改革，而是克里斯提尼的改革惹恼了伊萨格拉斯。围绕这次改革的斗争对罗马的贵族与平民之争，以及在中世纪德国和意大利发生的贵族之争都产生了或多或少的影响。

克里斯提尼曾经的艰苦斗争经历让他知道应该怎样去防范派系斗争和地方分裂势力。他努力通过两种方式达到这个目标：一是将部落成员分散开来，让他们到全国不同地区去；二是将其流放。克里斯提尼精心筹划，让每个部落的成员都待在雅典的五个不同行政区里。每个行政区内都有一个固定的场所，让人们可以进行祭拜、举办仪式，

[1] 雅典贵族，公元前508年曾当选执政官，上台后倒行逆施，取消大批人的公民权，与克里斯提尼争夺权力。曾获得斯巴达国王克里昂米尼一世的支持。——编者注

保护本地利益，并且行政区可以独立制定税收政策，对区内公民进行登记造册。在这种情况下，行政区内的不同部落，都可以在自己的小教堂内举办宗教活动，这就同以往从贵族大家扩展到全体公民的宗教联系区分开来了。从这种新部落的划分中，我们也可以发现古代最为先进的民主政体和现代社会之间的差别。

新部落改革使那些在传统血亲宗教部落中没有任何背景优势的公民得到了利益，可是贵族们对此却深恶痛绝，改革并未给他们带来利益，还剥夺了他们以前的特权，他们自然想推翻这次改革。只要庇西特拉图和伊萨格拉斯这类人发出冲突的信号，国家就可以号召百姓们捍卫宪法。换而言之，内战是唯一能换取长治久安的方法。如此一来，便一定要建立一个可以应对旧时的特权阶级阴谋的机制，不需要暴力或流血就能完成雇佣兵或刺客的工作。

这就是陶片放逐法，该制度规定：差不多每年一次，由全体公民通过不记名无责任制的投票，来决定是否为了社会的安全而将一个或多个公民流放，在此期间他的财产、荣誉都会得到保护。为了防止这种权力的滥用，人们采取了最谨慎的预防措施，比如必须经过议事会开会来决定是否实施放逐制。当时的议事会人员已经从四百人增加至五百人，由十个新部落内部以抽签的形式各选出的五十人所组成[1]。若是需要实行放逐制的话，便将对国家的安稳不利之人的名字写在陶片上，大家进行投票，最终只有票数超过全体公民人数的四分之一，也就是六千票，才会有人被流放，否则便不能实施放逐制。这样做就很容易导致少数人的暴政。一旦有人得到的票数多于六千，他就会受到警告，令其十日内离开雅典。

[1]　即五百人议事会。——编者注

刻有放逐人名字的陶片

不过，这个人的财产和荣誉不会有任何损失。在这种和平安稳的方式下，被流放者保全了声誉与财产，民主体制得到了保护，国家的自由再次得到保障。但陶片放逐法只是权宜之计，雅典民主制度进入繁荣期后被弃之不用。

新宪法中设立了给予公民言论自由权的公民大会、常设的议事会，以及全新的军事机构，不过伊萨格拉斯决心将它们全部推翻。根据独裁专制的本质，出于寡头政治家的本能，他看到，除非他能够遏制言论自由所带来的冲动，并允许除最贫穷的公民阶级以外的所有公民担任公职，否则只能失去民心，复辟美梦也会化为泡影。阿尔克米昂家族向来被视作受诅咒的家族，一百年前，他们在占领雅典卫城后违背诺言杀死了基伦的追随者[1]。人们因为这个诅咒而产生了恐惧，伊萨格拉斯在克里昂米尼一世的帮助下，将克里斯提尼及其支持者驱逐出雅典。紧接着，克里昂米尼一世便入主雅典，依照伊萨格拉斯提供的

[1]　此处叙述的是公元前631年的基伦暴动，贵族青年基伦图谋政变建立僭主统治失败，基伦逃走，其部下被困于雅典娜神庙。按照雅典的法律，神殿内不能有杀戮。阿尔克米昂家族的麦加克勒斯便假意承诺叛军的安全而后背盟杀之，因此阿尔克米昂家族的人被指责为亵渎女神的罪人和被诅咒者。——编者注

雅典卫城

名单，以诅咒为理由驱逐了七百余户家庭。不过他也为此付出了代价，在他要求解散五百人议事会的时候，五百名议员拒不执行他的命令。在雅典人民铺天盖地支持议事会的浪潮中，伊萨格拉斯及其支持者被迫进入雅典卫城避难，在被困三天后，克里昂米尼一世不情不愿地从雅典撤离，雅典人对于伊萨格拉斯及其支持者极为愤恨，等待他们的命运只能是死亡。在克里昂米尼一世撤兵后，克里斯提尼和被驱逐的家庭都回到了雅典。

雅典和斯巴达目前正深陷纷争，不过他们也知道希庇亚斯正准备借助波斯王的力量来威胁他们，雅典必须未雨绸缪。于是，雅典很快派人出使萨狄斯，希望能与波斯王签订同盟条约。吕底亚总督阿特弗尼斯接见了这些使者：声称只要雅典人愿意交出土地和水源——换句话说，如果雅典人愿意成为波斯的奴隶，那么波斯王就同意和他们结盟。面对这样的条件，使者们居然答应了，但雅典人宁死也不愿受这种屈辱。这一值得纪念的事件本身具有极其重要的意义；它与后来直接导致薛西斯战败的伟大战争联系在一起，再怎么强调也不为过。

失败后的克里昂米尼一世并没有气馁，他认为克里斯提尼所推行的宪法改革是对他的羞辱，因此他打算帮助伊萨格拉斯成为雅典的主宰。他率领斯巴达联军前往距离雅典不过十二英里的厄琉息斯，但没有告知盟友战争目标。当科林斯人洞察到克里昂米尼一世的真正意图后，便以误入歧途为由，迅速从同盟中抽身了。另一位斯巴达国王、阿里斯顿之子德马拉托斯[1]也紧接着脱离了同盟，剩下的盟友也开始动摇。克里昂米尼一世的同盟顷刻间土崩瓦解，雅典人一鼓作气，接连击退了彼奥提亚人和尤卑亚人。

希罗多德每每提到战争总会强调自己的观点——言论自由是必要的。僭主统治时期，雅典人和周围邻邦一样生活在水深火热之中，可一旦推翻了僭主，雅典人就开始成长起来了，究其根本还是因为在僭主独裁体制下，雅典人没有自由发展的空间，而现在雅典人愿意为了自己的自由而努力拼搏。雅典的这种热情的力量转化成了对波斯暴君的胜利，整个希腊都为之震撼，和对冷漠的苦涩憎恨，对科林斯在厄琉息斯拒绝克里昂米尼一世的同情。

希庇亚斯被克里昂米尼一世赶出了雅典，但是克里斯提尼并没有被打败，这对于克里昂米尼一世来说也是一个极大的威胁。他对推翻庇西特拉图家族的神旨感到说不出的厌恶，他对因盟友背叛而大败于

[1]　斯巴达国王，与克里昂米尼一世共同执政，地位低于克里昂米尼一世；行事风格偏保守，后在政治斗争中失败，逃往波斯成为薛西斯一世的顾问。——编者注

厄琉息斯感到愤怒，而当他发现驱逐他的朋友希庇亚斯的神谕，只不过是克里斯提尼和其收买的德尔斐女祭司伪造的时，他的愤怒达到了顶峰。现在他和斯巴达人都很清楚，雅典人不会默许斯巴达的压迫，如果雅典保持自由，很快就能与斯巴达平起平坐。因此，他们唯一的安全感来源就是给雅典人提供一个傀儡独裁者。因此，斯巴达召开了同盟会议，邀请了身处西吉昂的希庇亚斯出席。

根据希罗多德的相关记载，我们发现，斯巴达人自己和绝大多数希腊城邦都认可斯巴达的霸主地位。比如科林斯和其他城邦在不知道战争目标的情况下就跟随斯巴达人行军至厄琉息斯。但雅典人对此并不服气。同盟大会的召开更能证明斯巴达的强大影响力。不过，尽管斯巴达可以随意召集盟友，但却不能阻止盟友间的分歧与辩论，这意味着其盟友们有接受或拒绝斯巴达议案的自由。

希庇亚斯带着自己的专制意图出席大会，但大会看来认为所有行动都需维护独立的附属盟国的公民尊严。斯巴达人毫不避讳地承认了自己在德尔斐被皮提亚[1]所骗，把雅典城拱手送给了雅典平民阶级。彼奥提亚人和尤卑亚人都已经被平民阶级的民主刺痛，其他城邦也将遭受同样的痛苦。斯巴达人坦率地向盟友们请求帮助，惩罚雅典人，恢复希庇亚斯的专制统治。

科林斯人索锡科斯愤怒地谴责这种自私无情的政策，“真是天翻地覆，鱼将在陆地上生活，人却要到海里生活了，”他如是说道：“你们斯巴达人想要推翻自由政府，在每个城邦重建那充满血腥和暴力的君主专制。若是你们真觉得独裁专制有一星半点的好处，那么你们先

---

[1]　皮提亚是阿波罗神殿中的最高女祭司，人们一遇到大事便会向她祈祷，希望可以通过她得到神的指示。——译者注

德尔斐的皮提亚

自己尝试一下，然后再以此说服别人。事实上，你们压根没有经历过专制独裁，你们也永远不会尝试，而你们居然要将其施加给别人。吃一堑长一智，我们科林斯人经历过独裁统治，我们也吸收了这样的教训，我们不会在一个地方跌倒两次。”回想起库普塞鲁斯[1]与柏里安得[2]统治时期的故事，科林斯人不寒而栗。发言人以斯巴达式的坦白结束了演讲，为他们邀请希庇亚斯所引起的科林斯的激动感到抱歉，为他们所解释的这项措施感到震惊，为科林斯不会参与这件事表达歉意。

这场辩论至关重要，斯巴达的提议一定程度上为薛西斯一世奠定了思想基础，甚至为薛西斯一世的不战而胜起到了助力。从这场辩论中，我们可以参透政治教育的本质，而希腊境内的独裁城

[1] 库普塞鲁斯是公元前7世纪科林斯的首位僭主。——译者注

[2] 柏里安得是科林斯的第二位僭主。——译者注

邦正在经历这种教育，从独裁政治走向开明，尽管离雅典式的民主还有很长距离。科林斯人与斯巴达人都痛恨这种新的制度，它剥夺了古老世袭贵族的一切排他性特权，打破了古老的宗教壁垒（其将所有公共官职甚至所有公民权利都排除在除了这些家族的人之外），将国家机器交给一群没有血缘关系与共同信仰的普通人。科林斯人和斯巴达人同样对不遵守宪法的统治者抱有敌意，这样的统治者可能在平时温和谦逊，但也可能随时使用雷霆手段暴力镇压人民。这种可怕的制度与斯巴达人因自豪感而可以忍受的粗野纪律，在本质上是不同的，这种纪律是自我强加的，它由民选官员负责管理，甚至国王也要对他们负责。因此，索锡科斯才说斯巴达人没有经历过暴政，也不知道暴政是如何运作的，这只有在亚洲帝国的压迫下才能体验到相似的恐怖。

科林斯僭主柏里安得

斯巴达人和科林斯人在辩论中各执己见。二者的不同在于，斯巴达人清楚地看到，雅典民主制度中有一种对周围寡头政体构成致命威胁的因素，必须加以压制。科林斯人缺乏远见，他们坚持不能干涉一个完全独立的城邦的内政。若干年后，在伯罗奔尼撒战争前所进行的各项辩论中，科林斯人的观点发生了巨大改变。他们开始关注于新旧制度的互相排斥，也就是主权在民和世袭贵族制度之间的矛盾。希庇亚斯曾说科林斯迟早会意识到雅典人会成为他们的威胁，但当时没人在意。斯巴达同盟大会达成一致，反对介入其他希腊城邦的内政，希庇亚斯乘兴而来、败兴而归，失落地返回了西吉昂。

第五章

爱奥尼亚大起义

在讲述雅典和波斯之间战争的起因时，希庇亚斯的各项行动有其重要性，但我们也不能夸大。前文提到，希庇亚斯已经和兰普萨库斯的统治者结盟，此人是大流士一世的拥护者。希庇亚斯在离开雅典前往西吉昂时就明确了目标——说服波斯王征服雅典。他的养精蓄锐和詹姆士二世在圣日耳曼昂莱的蛰伏颇为相似，甚至更为积极[1]。斯巴达同盟大会的失败让希庇亚斯无比失望，他失落

詹姆士二世

[1] 詹姆士二世，英国斯图亚特王朝国王，在光荣革命后被褫夺权力赶出英国，后获法王路易十四收留居住于圣日耳曼昂莱，其间一直图谋复辟，但终其一生都未能如愿。——编者注

地回到达达尼尔，更坚定了要夺回雅典的决心。为达此目的，他可以不择手段，我们都相信希庇亚斯为了实现自己的愿望必然会使尽浑身解数，好好利用他和兰普萨库斯统治者的友谊。

希罗多德提及，希庇亚斯回到达达尼尔后就煞费苦心地游说在萨狄斯主政的吕底亚总督阿特弗尼斯出兵征服雅典，助他复位，在他治下的雅典将成为大流士一世的忠诚附庸。之后发生的事情也证明了，希庇亚斯及其幕僚是为了重掌雅典才煽动阿特弗尼斯的。

于阿特弗尼斯而言，如果出兵能换取希腊诸城邦臣服于波斯帝国的结果，那帮助希庇亚斯复位未尝不可。与其说波斯出兵是为了推翻雅典民主政府，不如说是希望扩张波斯版图。因此出兵希腊不仅是出于征服目的，也是波斯狂热扩张传统的要求。

雅典人很快知道了斯巴达同盟大会的召开，对希庇亚斯回到亚细亚后的各种行动也心照不宣。雅典外交官们因为这件事情二度拜见阿特弗尼斯，在他面前仔细地分析了此事的利害关系，试图让他放弃干涉希腊内务的想法。不过，希庇亚斯此前的煽动很有成效，阿特弗尼斯命令雅典外交官们，如果他们重视雅典的安全，就重新考虑接受波斯成为他们的宗主。雅典人断然拒绝，并把阿特弗尼斯的回答看作实际宣战。

欧洲希腊人与波斯人之间的关系愈发复杂，希腊的重要殖民地米利都的政权已经由大流士一世或希斯缇艾厄斯交到希斯缇艾厄斯的侄子阿里斯塔格拉斯的手里。不久之后，希斯缇艾厄斯被迫从米勒基诺斯离开，被囚禁在苏萨，享受着优美的风光与无趣的生活。这时，一些被纳克索斯人民驱逐的寡头政治流亡者向阿里斯塔格拉斯寻求帮助。虽然阿里斯塔格拉斯愿意领导纳克索斯岛及其附属岛屿，但他心有余而力不足，只能让那些流亡者们去求助于大流士一世的兄长阿特弗尼斯。这些流亡者恳求他不要吝啬承诺，他们也向他保证，他们会给他丰厚的报酬，并承担远征的全部费用。阿里斯塔格拉斯心动了，他向阿特弗尼斯汇报，并承诺带给他更为丰厚的回报，不但纳克索斯岛和附近岛屿都臣服于阿特弗尼斯，而且尤卑亚也归他管辖。如此一来，彼奥提亚和大半阿提卡海岸都将成为阿特弗尼斯的领地。阿里斯塔格拉斯还承诺只需一百艘战舰便能完成计划，不过阿特弗尼斯深受他的鼓舞，直接给了他二百艘战舰，并且将这次行动告诉了大流士一世，他也极力赞成。

阿里斯塔格拉斯的运气实在不好，纳克索斯岛上的百姓早就收到了远征的警告，并为此做足了准备。阿里斯塔格拉斯耗费了四个多月的努力，集结了大量人力物力财力，却被人轻而易举地挫败，他自己还需要垫付巨额资金。因此，他处于严重而紧迫的危险之中，他并不是在欺骗阿特弗尼斯，毕竟他无法预料战争的结果，但他之前答应会承担舰队维持费，现在却无力支付这笔费用了。在他看来，单凭这一点，阿特弗尼斯就绝对不会原谅他的过错；他的思想自然又回到了亚细亚希腊人所熟悉的思想上，那是他们在吕底亚君主的统治下，在波斯国王更重的枷锁下度过的时代所孕育出的反叛思想。据说，他之所以这么做，是因为这时他从希斯缇艾厄斯那里接到了一个口信，要他剃掉那个送信人的头发，念上面写的字。刺青的痕迹传达了一种反抗的劝诫，促使他迅速行动。

阿里斯塔格拉斯邀请爱奥尼亚城邦参加联盟大会，随行的还有希腊史学家赫卡塔埃乌斯（Hekataios），据说他是一位致力于让大家可以用历史的眼光来合理地看待传统的人。他并未对自己在此次事件中的活动有过多着墨，于是希罗多德只能通过各种道听途说来还原他在当时所扮演的角色了。阿里斯塔格拉斯明确地警告爱奥尼亚人，他们不能贸然反抗波斯，如果他们决定冒险，他们至少应该注意到他们拥有制海权。赫卡塔埃乌斯希望同盟们可以掌控布兰奇戴[1]神殿的巨额财富，不要让它落入敌人之手。大家没有答应他的要求，不过派了一艘船到米乌斯（当波斯人从纳索斯岛返回时，他们将军备储藏于此），抓捕可能会在此躲藏的希腊独裁者们。曾经建议大流士一世别拆除多瑙河上的桥梁的米蒂利尼人戈榴什也在抓捕名单上。阿里斯塔格拉斯答应将被抓的僭主们都送回其原先所在城市，城中百姓也并未报复这些人，直接将他们放了，唯有戈榴什遭到了石刑。阿里斯塔格拉斯在名义上放弃了自己在米蒂利尼的权力，想借此让各方势力都可以参与到他的伟大计划之中。他在抓捕了这些暴君又承诺各城市公民让他们自行裁决后，便独自乘船到此前克洛伊索斯和希庇亚斯取得过援助的大城邦，想效法前人。

阿里斯塔格拉斯身边总带着一块刻着世界上所有山川河流的地图的黄铜匾。根据相关故事的叙述，阿里斯塔格拉斯首先来到了斯巴达，他向克里昂米尼一世描绘了自己未来的雄图霸业，他认为亚洲希腊人被波斯奴役是对希腊霸主斯巴达的侮辱，斯巴达人只要冒一点险就一定会赢得无上的财富和荣耀。要征服那些身着布衣、缠着头巾、只会用弓箭和标枪作战的波斯军队并不困难；到那时，从萨狄斯到苏萨的广大疆域将成为斯巴达人取之不竭的财富宝库。阿里斯塔格拉斯许诺的财富的确很有吸引力，不过当他等了三天去询问答复时，他被问到从伯罗奔尼撒海岸到苏萨有多远。倒霉的阿里斯格拉斯如是回答道：“要走三个月。”他还一直强调这并不是什么难事。可克里昂米尼一

[1]　布兰奇戴位于古希腊爱奥尼亚沿海地带，是一座神殿，殿中设有阿波罗神像和神示所。——译者注

世却直截了当地命令他在日落之前离开斯巴达。阿里斯塔格拉斯不肯放弃，在克里昂米尼一世的寝宫找到了陪女儿[1]玩耍的国王，这位闻名于世的列奥尼达一世[2]的王后此时不过是一个八九岁的孩童。阿里斯塔格拉斯希望让孩子暂时离开，克里昂米尼一世却责令他当着孩子的面直接说出想法。阿里斯塔格拉斯拿出了十个塔兰特，之后又加码至五十个。小戈尔戈号啕大哭说道："父亲，若是你还待在这里，这个人就要贿赂你了。"

阿里斯塔格拉斯为了能够实现自己的目标，只好灰溜溜地跑去雅典。他热情洋溢地为雅典人描绘胜利的前景，还补充说：米利都原就是雅典的殖民地，因此帮助米利都人是雅典不可推卸的责任。"骗三万雅典人远比骗一个斯巴达人简单。"希罗多德如此评价道。雅典人被轻而易举地说服，还资助了阿里斯塔格拉斯二十艘战舰。但阿里斯塔格拉斯忽略了雅典和斯巴达的根本区别。斯巴达军官对居鲁士二世徒劳的威胁很可能已被遗忘，而波斯人的援助是针对雅典的，他们明确承诺，如果雅典人拒绝再次屈服于希庇亚斯的枷锁，他们就会自取灭亡。正如希罗多德所断言，雅典与波斯已处于事实上的战争状态；在承诺帮助阿里斯塔格拉斯的同时，雅典人正在走上一条经过残酷战争后将为他们带来丰厚财富和辉煌帝国的道路。

故事是这样发展的，但我们不得不注意到，阿里斯塔格拉斯的游说显然是建立在"征服波斯帝国轻而易举"这一观点上的。如此一来，在外国统治者手下解放出一些爱奥尼亚城市便无足轻重了，让斯巴达人成为横跨亚得里亚海到布哈拉沙漠之间广袤领土的主人才是他们的

[1] 克里昂米尼一世的女儿叫戈尔戈，之后嫁与列奥尼达一世为妻。——译者注

[2] 斯巴达国王，曾率三百勇士在温泉关对抗波斯。——编者注

目标。这种野心可能是在波斯的收税官被赶出小亚细亚海岸时产生的，以我们现在的标准来看，希腊人实在是太过自负了。

阿里斯塔格拉斯带着二十艘雅典船和另外五艘由尤卑亚的埃雷特里亚人提供的船抵达米利都，他立即下令远征萨狄斯，没遇到什么抵抗就占领了这里，阿特弗尼斯除了守住卫城之外无能为力。一间茅草屋突然失火[1]，城内的吕底亚人和波斯人惊慌失措地聚集到了市中心的广场，雅典人担心聚集起来的市民奋起反抗，于是慌忙撤到了特摩洛斯高地，趁夜色将近乘船逃走了。这场大火甚至烧毁了萨狄斯的库柏勒[2]神殿，这给了薛西斯一世摧毁欧洲希腊所有神殿的战争借口。但对爱奥尼亚人的惩罚要来得更早些，他们被波斯军队追击至以弗所，最终经历惨败。据希罗多德记载，大流士一世得知库柏勒神殿被烧毁后立即询问雅典人是什

萨狄斯的大火

[1]　萨狄斯的房屋大多是茅草房。——作者注

[2]　小亚细亚的大地女神。——编者注

库柏勒女神

么样的民族，随后把一支箭射向空中，向众神祈祷，希望神明们允许他对雅典进行复仇。关于爱奥尼亚人在这场火灾中发挥了多大的影响，希罗多德的回答是：基本没有。大流士一世知道，只要他愿意，他随时都可以惩罚这些爱奥尼亚人；但他更不会忘记那些伤害他的外国人，以至于他的随从接到命令，要他在每次用餐前提醒大流士一世记住雅典人给他的伤害。我们可以想象，这样的故事会极大地满足雅典人的骄傲或虚荣。在努力了解那个时代的真实历史时，也不能忽视这种感情的影响。

我们对这段历史的认识源自希罗多德的叙述，他清楚地告诉我们：希庇亚斯在这些年来致力于挑动波斯入侵雅典，而雅典外交官则两度拜见阿特弗尼斯抵制他的阴谋。在坊间一直流传着这样一个说法：大流士一世并不了解雅典人，虽然这些年他一直都听说过这个民族，也为之忌惮。结合雅典人对名誉的渴望，我们也就能理解这个故事了。最后，我们必须指出一个重要的事实：大流士一世很快就对爱奥尼亚人施以报复，却在超过十一年的时间里与雅典人相安无事。

不知出于何种考虑，雅典人拒绝再给予爱奥尼亚人援助。但暴动范围越来越大，拜占庭、卡里亚、塞浦路斯诸城邦都被卷入战火。希

与波斯人作战的爱奥尼亚人

斯缇艾厄斯受命带兵镇压动乱，但阿特弗尼斯认为他并未帮助大流士一世解燃眉之急，反而火上浇油。在经过几次诡异的冒险后，波斯骑兵抓到了希斯缇艾厄斯将其下狱。

阿特弗尼斯担心大流士一世会赦免他，因此直接将他钉死在了十字架上，头颅运往苏萨，大流士一世对此十分重视。大流士一世拒绝相信对希斯缇艾厄斯的指控。这是我们对希斯缇艾厄斯离开苏萨后所进行的各种诡异的冒险故事持怀疑态度的依据。

如果希斯缇艾厄斯真像希罗多德认为的那样有背叛的嫌疑，大流士一世就不可能把他派到边疆平叛而不做任何牵制。即使是阿特弗尼斯，除非有充分的证据来证明他所言非虚，否则他也不会在与希斯缇艾厄斯对峙时断言：“你亲手缝制的拖鞋，阿里斯塔格拉斯正穿在脚上。”换言之，如果阿特弗尼斯真的相信希斯缇艾厄斯是叛乱主使，他就有充分的理由作为波斯总督下令立即杀死他而不需与他争辩。

从塞浦路斯岛的实际情况来看，塞浦路斯根本无法摆脱波斯人的统治。他们不屈的反抗为他们赢得了荣耀，但失败是必然的。一名僭主叛逃至波斯人麾下，萨拉米斯[1]人的战车也随他投降对方。从这时候起，爱奥尼亚人的起义彻底成为一场灾难，他们眼睁睁地看着塞浦路斯人走向失败，自己也前途渺茫。一年过后，波斯人掌控了塞浦路斯岛全境，接着收复萨狄斯后继续向北进发攻城略地，直到卡里亚叛乱的消息传来，他们才回师向南。

在拉布兰达附近发生的一场战斗中，虽然卡里亚人得到了米利都人的支援，但还是败下阵来。斗志尚存的他们设好埋伏，将三支由波斯将军亲自统率的军队全部切断。可他们面对的是一个能为战场不断输送军队的王，因此，这次小挫败并不能扭转整个战局。

普罗庞蒂斯和达达尼尔的胜利弥补了卡里亚遭受的灾难，阿里斯塔格拉斯的金色愿景也在确保自己安全的简单愿望面前让步了。他建议盟友们做好准备，以防被驱逐出米利都，提早在他叔叔希斯缇艾厄斯所统治的米勒基诺斯或者是撒丁岛上建立避难所。他召集会议之前就已经拿定了主意：他让毕达哥拉斯[2]指挥米利都，然后航行到米勒基诺斯并成功地占领了这里。不久，他率军包围了一座色雷斯人的城市，却在攻城时意外身亡，全军覆没。

如今，爱奥尼亚人的希望全寄托在海军身上，他们放弃了和波斯陆战。米利都人留下守城以提防波斯人的围攻，舰队则在离米利都海角不远的莱德岛会合。多年累积于岛屿海角间的沙土已经为他们铺好了一条路。爱奥尼亚人畏惧波斯人的陆军，波斯人也同样忌惮爱奥尼

[1] 古希腊的城邦国家，塞浦路斯古都。——译者注

[2] 此人与著名数学家毕达哥拉斯同名。——编者注

亚人的舰队，双方毫无战心，甚至腓尼基的水手们也没有底气，所以任何一种策略也许都会让对方分崩离析。

除了已经被杀的戈榴什外，那些被自己子民所宽恕的希腊僭主奉命与爱奥尼亚人交涉，命令他们立即投降，他们能得到特赦，也不会承担先前那般沉重的赋税；若是他们在战争中屠杀了波斯人的话，那么他们也一定会受到最残酷的惩罚。送信人趁夜传达了这些消息，因此每个爱奥尼亚城邦都以为这些条件只适用于自己，因而明确拒绝了波斯人。为此，莱德岛上还发生过一场争论。

从福西亚而来的将军狄奥尼修斯告诉爱奥尼亚人，为奴还是为人就像剃刀的两刃，战败者只有为奴这一条路。为了光明的未来，他们现在必须保持斗志。狄奥尼修斯还指天发誓说只要爱奥尼亚人服从于他的指挥，他就一定能带领大家走向胜利。爱奥尼亚人答应了他的条件，舰队在他的指挥下开始系统训练。在白天的训练结束后，船员们不能回岸边的帐篷休息，只能睡在抛锚船的甲板上。这样的艰苦训练持续到了第七天，生性暴躁的爱奥尼亚人便忍不住了。起义必须由一场决战结束，但是希罗多德对此战毫无了解。

懦夫和叛徒的互相推诿贯穿战事始终。开战之初，萨摩斯人便按照他们与被废黜的僭主艾克斯共同提出的计划，乘船返乡。但是有十一艘船的船长不听从于舰队。这一叛逃行为使得莱斯博斯岛人离开了船队，随即引发了连锁反应，大批爱奥尼亚舰船四散奔逃。和这种懦夫行径相比，基安人的行为则让人肃然起敬。他们凭借仅有的百余艘船只击退了敌军的数次进攻，最终因损失过重被迫撤离战场。

无论记载这场战斗的文献的历史叙述有多少模糊不清，我们仍能确定反叛同盟内部缺乏纪律性。希庇亚斯对雅典的阴险图谋给我们足够理由相信波斯人会入侵希腊。亚洲希腊人固执己见、自私自利的行事风格充分解释了阿里斯塔格拉斯于仓皇之间构想出伟大事业之后所发生的灾难。贵族和平民之间的旧日斗争曾一度压制了雅典的政治发展，现在使东方希腊人在与波斯的斗争中陷于泥潭。长期的僭主统治磨灭了雅典人的斗志，直到其锁链被去除；迫使萨摩斯人参与叛逃，他们对此深恶痛绝，一些人还以哗变的方式表示抗议。这场叛乱的最终结局是由那些被驱逐的独裁者们的党羽所决定的。狄奥尼修斯离开了自己的国家并且此生都没有再回来过，他开着三艘从敌人手上抢过来的战舰攻下了一个无人守卫的腓尼基港口，在击毁几艘商船后，便带着丰厚的战利品来到了西西里，在这里做了一名海盗。狄奥尼修斯立下了一个规矩——意大利和西西里的希腊人可以安稳过海，只打劫迦太基人和第勒尼安人。

爱奥尼亚海军的覆灭让米利都彻底陷入了海陆双重封锁的危险。波斯人誓要破城，他们在城墙下深掘地道，携带各式精良武器大兵压

米利都遗址

境。最终在阿里斯塔格拉斯起事六年后，米利都沦陷了。城内成年男性全部被处死，其余人则迁往苏萨。大流士一世将他们安置于底格里斯河口的安佩城，时刻处于周边波斯人的监控下。布兰奇戴圣殿遭劫掠后烧毁，赫卡塔埃乌斯曾极力劝说爱奥尼亚人妥善处理的巨额财富也尽归波斯所有。不过新一代的希腊人被允许返回米利都，虽然这里已不再繁华，但它依旧属于希腊人。

第二年，靠近亚洲海岸的其他岛屿被陆续侵略，希罗多德称之为第三次收服爱奥尼亚。之前两次分别是吕底亚国王征服爱奥尼亚和吕底亚王国连同爱奥尼亚共同被纳入波斯帝国。

平定爱奥尼亚之后，波斯人兵不血刃地收服了诸多达达尼尔海峡北岸的城邦。拜占庭和海峡对面卡尔西顿（Chalkedon）的居民纷纷逃离，在黑海沿岸找到了新家。据说，被遗弃的城市被腓尼基人夷为平地，他们占领了色雷斯科尔松尼斯半岛除卡迪亚外的所有城邦。米提亚德，这位未来马拉松战役的胜利者此刻正不断徘徊，直到腓尼基人到达忒涅多斯岛的消息传来，他才将所有货物搬上五艘船驶向雅典。尽管在与腓尼基人遭遇战中损失了一艘船，但他还是有惊无险地抵达了雅典。

第六章

征伐希腊

波斯人用宣称复仇的方式威胁亚洲希腊人，但并未有成效。无论动机如何，波斯在征服东方希腊城邦后所采取的宽容政策证明了他们的人性。阿特弗尼斯总督的施政似乎是想在希腊和波斯间建立并巩固一种永久关系，他的改革方法无疑从根源上消除了阻碍或扭曲当地政治发展的弊端。人们可能会认为，他这样做应该受到大流士一世的批评而不是赞扬，毕竟波斯几乎不会对一个可能使他的敌人更加强大的制度抱有好感。

阿特弗尼斯下令禁止希腊各城邦继续内斗，将禁止城邦间的暴力行径与掠夺行为制订成法要求各邦遵守。他所推行的改革几乎不能使希腊各城邦变得更加顺从和驯服，但希罗多德仍认为这对他们以前的状况产生了巨大改善。他还补充道，阿特弗尼斯不顾当地人意愿强制推行这些政策。在彻底了解这些地区的整体情况后，他又强制清查这些地区的缴税能力，并登记造册，将此作为亚洲希腊人的合法纳税标准。直到亚历山大大帝灭亡波斯帝国时，这些政策才被废除。但这次被评估的税赋基本在起义发生之前便有过先例，所以我们也不能将其当作是波斯人故意加重当地税赋用以报复的手段。

根据希罗多德的说法，玛尔多纽斯[1]的表现更加优秀。他在波斯攻下米利都的次年春天来到达达尼尔。他迎娶了大流士一世的女儿，正值壮年的他来的目的是要平定色雷斯叛乱，报雅典的助纣为虐之仇。不过在完成主要任务前，他成功在爱奥尼亚的诸多城邦中打倒了僭主，为当地建立起民主制度。就像希罗多德所说，这并不应该是一个波斯人应承担的义务，但这也仅仅意味着他驱逐甚至杀死了那些独裁者。一旦斩断独裁者的锁链，人民就会立刻要求恢复曾被独裁者破坏的宪法。

在希罗多德的描述中，玛尔多纽斯和阿特弗尼斯所推行的政策的最大区别就在于，阿特弗尼斯并没有针对僭主采取相关政策，所以这些城市是被迫团结起来并与波斯建立同盟关系的。可若是这些城市都有自己的领导者的话，那么它们就必须以领导者之名签订盟约。阿特弗尼斯也知道，要想实现真正的长治久安，就必须让每个城市都有波斯的领导者或是实行自治。因此，除非他将那些独裁者都赶出各城邦，否则他的努力只能付诸东流。因此我们只能说，若是阿特弗尼斯在玛尔多纽斯来之前就实行了这些政策，那么玛尔多纽斯就是在前人的基础上锦上添花了。

大流士一世屯驻苏萨，派玛尔多纽斯征服色雷斯，但他注定无法完成这项任务。玛尔多纽斯的确超过了迈格比佐斯能到达的征服地界，但在船队沿阿陀斯半岛航行时，海上突起风雨，船队被卷到了阿索斯山海岸。船上数以万计的士兵或葬身鱼腹，或被巨浪淹没。波斯人饶

[1]　玛尔多纽斯是希波战争中著名的波斯将军，他镇压了爱奥尼亚人的暴动，在爱奥尼亚诸城邦推翻僭主并建立民主制度。他在普拉提亚之战中身亡。——译者注

幸上岸，又被以逸待劳的色雷斯部落偷袭，但玛尔多纽斯军事才能出众，反戈一击将来犯者全部杀死。

船队遇险后，便不能再向南边前行，所以玛尔多纽斯回到了家乡。此后的大流士一世在位期间，再没有任何与他相关的记载。

玛尔多纽斯的失败让大流士一世下定决心，他要弄清在波斯扩张的进程中有多少希腊人愿意臣服于他。随后的故事里我们不难发现希庇亚斯的影子，这位亡国之君一直在大流士一世耳边煽风点火。大流士一世可以在不费一兵一卒的情况下就掌握希腊境内有多少人愿意向他屈服，这将在很大程度上减少扩张途中的威胁。大流士一世让手下到希腊各处以波斯帝王之名要求他们交出水和土，这代表着他们愿意向波斯帝国臣服。大流士一世的手下很快将这个命令传达希腊各地，其中很大部分日后会成为薛西斯一世的忠实盟友。

波斯使者索要土和水

在愿意臣服于波斯的岛民之中还有埃吉那人[1]，这让雅典人心生愤懑，因为二者常有冲突。埃吉那人在地中海东部水域的贸易活动让他们不敢与波斯这样的帝国起冲突，对雅典人的仇恨也是促使他们与波斯合作的理由。雅典派使节出使斯巴达揭露埃吉那人的罪行，他们宣称，埃吉那人的叛徒行径不是针对雅典或任何一个希腊城邦，而是针对整个希腊。这件事不但证明了希腊人的集体生活方式有所改进，也表明斯巴达在希腊拥有非正式的领袖地位。

此外，不是雅典人没有能力自行讨伐埃吉那人，而是斯巴达人有责任确保希腊联盟的任何成员都不能背叛它所组成的社会的利益。雅典人和斯巴达人在这里表现出的和谐，很可能是由于共同的危险的存在，只不过斯巴达人所受的威胁较小。据传说来看，出使雅典的波斯使者被抛下了悬崖[2]；出使斯巴达的使者则被投入井中，斯巴达人要他在里面取得土和水带给波斯王。虐待使节是一种与希腊人的性格格格不入的行为；在雅典人和斯巴达人看来，这是一种特别令人发指的罪行，斯巴达人随后的行为也绝不符合这种非理性的激烈行径。我们也无法想象大流士一世会派人出使斯巴达，前文提及，斯巴达人支持克洛伊索斯，并粗鲁地威胁了居鲁士二世，居鲁士二世也声称他们会因自己的傲慢而付出代价。大流士一世也不会对雅典人有任何要求，如果他真有这种想法，那就是要求他们再次接纳他们的旧主人希庇亚斯。

[1]　埃吉那人居住在位于萨罗尼科斯群岛之中的埃吉那岛上。——译者注

[2]　这种刑罚指的是将犯有重罪的罪犯抛下悬崖或深坑（Barathron），使其死无葬身之地。这种惩罚在古希腊社会中是非常严重的，这意味着罪犯的尸体将无法得到适当的安葬，这在信仰灵魂和崇拜死者的古希腊文化中是一种极大的侮辱。——编者注

但事实上，阿特弗尼斯早就把斯巴达人的拒绝看作是向波斯宣战了。很难想象，波斯王为了试探那些与他没有冲突的人而发出的诏令，竟然发给了他公开的敌人。很显然，如果这两个伟大城邦被排除在那些被要求承认波斯霸权的城邦之外，他们就会因受到孤立而被迫结盟。

此外，雅典人不顾一切困难坚决与薛西斯一世斗争的行事风格也很契合上述的故事。传言散播开后，各路人马添油加醋，有人说地米斯托克利[1]要处死波斯人的希腊翻译，因为他亵渎了希腊语，将其变成了召唤奴隶的语言；还有人说是米提亚德提议杀死波斯使者的，这种说法源自他在多瑙河船桥所积攒下的声望。

在雅典人的恳请之下，斯巴达为了保证自己在希腊联盟中的领袖地位，不得不考虑对埃吉那人的背叛进行干涉。但如果斯巴达的宿敌阿尔戈斯没有被击败的话，他们或许不会采取行动。阿尔戈斯是一座历史悠久的城市，也是伯罗奔尼撒半岛上的大国之一。它一开始就对南方的斯巴达颇为忌惮。而在现在这个时间节点，阿尔戈斯已经受了多次打击，彻底与希腊领袖的地位无缘了。

在波斯使者到来的两三年前，二者爆发了激烈的冲突，斯巴达国王克里昂米尼一世打败了阿尔戈斯人，使他们彻底沦为斯巴达人的附庸。阿尔戈斯的失败使斯巴达成为霸主，这让克里昂米尼一世有理由惩处那些宣誓效忠波斯的埃吉那人，但他的前进道路上还有很多难以克服的障碍。

对斯巴达人的投降警告，埃吉那人给出了答复：克里昂米尼一世

[1] 古希腊雅典的政治家、军事家，他非贵族出身，受到了雅典底层人民的欢迎，但雅典贵族并不喜欢他。他在公元前 493 年担任雅典执政官，后参加了马拉松战役，在萨拉米斯海战中大败波斯舰队。——译者注

的威胁（不是由斯巴达双王给出的）不合法，因此他们不会听从。同时，斯巴达双王之一的德马拉托斯——此人日后成为薛西斯一世的盟友与顾问——正在国内控告克里昂米尼一世收受雅典人的贿赂。克里昂米尼一世无法回避这样的政治问题，他对德马拉托斯支持科林斯军队哗变的旧事[1]也怀恨在心，决心彻底终结他的政治生涯。很快，他便在与德马拉托斯身世有关的谣言上找到了突破口。他伪造德尔斐神谕，使德马拉托斯因私生子的身份而被废黜。[2]他辗转来到亚洲，受到了大流士一世的收留。

在德马拉托斯远逃亚洲之后，克里昂米尼一世的诡计终于被揭穿，他害怕被公共审判，便去了塞萨利避难。他指冥河（Styx）为誓，收拢了一批忠心于他的军队。在这支队伍前，斯巴达人节节败退，克里昂米尼一世因此重登王位。但他的精神似乎出现了严重问题，在街上看到普通百姓便会动辄打骂，甚至最后自杀了。

德马拉托斯

[1]　即前文提到的克里昂米尼一世攻打雅典因盟友叛变未果的旧事。——编者注

[2]　德马拉托斯的父亲阿里斯顿曾使诡计抢夺友人之妻，七月即生下德马拉托斯，因而他被怀疑并不属于斯巴达王室血脉。——编者注

为了征服那些习惯卑劣阴谋与孤立政治的希腊城邦，波斯王现在正准备释放帝国所蕴含的巨大能量。除了库柏勒神殿被烧之仇外，大流士一世还有很多旧账要清算，希庇亚斯也一直在旁推波助澜。他解除了玛尔多纽斯的职务，命他的兄弟阿特弗尼斯和一个名为达提斯的米底亚人负责领兵。达提斯声称自己是雅典国王埃勾斯（Aigeus）与科尔基斯国王之女美狄亚（Medeia）的孩子[1]，自己理应享有雅典王位。他们希望这次远征能彻底征服雅典和尤卑亚岛。波斯大军在奇里乞亚会合，随即向纳克索斯岛发起进攻，因为他们曾经挫败了阿里斯塔格拉斯的扩张计划。纳克索斯人事先得到了消息，不等大军到来就先行弃城逃命去了。纳克索斯人的恐惧并不是空穴来风，当年波斯人镇压爱奥尼亚起义时采用的雷霆手段让他们心惊胆战，因此波斯人不费吹灰之力便

美狄亚

[1]　二者都是希腊传说中的人物，埃勾斯是雅典英雄忒修斯的父亲，美狄亚则是著名的女巫，二者育有一子墨多斯。——编者注

占据全岛。有些没来得及逃跑的居民则被变卖为奴，他们的城市和神庙也被焚烧殆尽。只有提洛人逃过一劫并受到礼遇。达提斯向他们宣告，自居鲁士大帝以来，波斯诸王一向尊重异族神明，因此提洛岛不会受到任何威胁。

位于尤卑亚岛最南部的卡里斯托斯[1]人首先站出来反抗波斯大军，但他们的城市立刻被封锁，土地被蹂躏，波斯人向他们展示了抵抗的徒劳。波斯舰队从卡里斯托斯城离开后便向北而行，来到了埃雷特里亚。埃雷特里亚的百姓誓死反抗，浴血奋战了六天，但在第七天，城内的投降派与波斯人勾结，打开城门放波斯军队入城。波斯人大肆屠杀劫掠，焚毁了他们的神殿，将幸存的居民变卖为奴。

战事如此顺利，波斯人可能已经开始憧憬远征结束后的场景。他们会在夏天伴着海风远航，他们的敌人已如谷糠麸皮般被吹散，希庇亚斯向他们保证即使是雅典和斯巴达也不敢与之抗衡。

这位昔日的雅典僭主对自己的领土很是了解，他指引波斯军队在阿提卡的马拉松平原登陆。这里离埃雷特里亚最近，地形平坦也很适合骑兵活动。至此，马拉松平原上即将展开一场决定雅典未来历史的伟大战役。他在早年间曾陪同父亲庇西特拉图领兵出征，现在过去了快五十年，如今他进军之地正是他当年出征之地。那时雅典人面对僭主独裁只会屈从或是默不作声，贵族们则在无休止的争吵与斗争中削弱国家的实力。而现在，这样的状况一去不复返了。

梭伦曾认为冷漠是公民能犯下的最大过错，但这种冷漠已经被捍卫法律的坚定决心所取代。法律赋予公民言论自由、投票权利和自由

[1] 卡里斯托斯在哈尔基斯南边约一百英里处，是希腊的一座城镇。——译者注

行动的权利，将自我意识根植于公民心中，让他们为自己而活。那些独裁者则将辛勤工作的人民当作为自己谋利的无情运转的机器，他们并不懂如何尊重人民，即使他们会因人民的厌恶心生恐惧，也不愿负起责任做个公平的立法者与审判者。在这种信念的鼓舞下，他们以一种希腊社会中从未出现过的精力和毅力，阻碍希庇亚斯的计划和波斯国王的野心，而希庇亚斯没有考虑到这一点——雅典的专制统治早就在他出逃西吉昂时彻底破产。

按照地理分布而划分出的新部落取代了以前的血亲部落，世袭贵族们所培养的奴性思想也荡然无存，每个雅典公民都明白，他们是这个新的、独立的、自我管理的社会之中的一分子。在这场改革中产生了新的社会阶级，更在公民间普遍传播了一种无私奉献的爱国主义思想。也许是冥冥之中自有天意，当希庇亚斯再次来到阿提卡时，“迎接”他的正是曾经被他派往色雷斯主政科尔松尼斯的、他昔日的得意门生——米提亚德。

希庇亚斯和大流士一世还遇到了一个更加棘手的问题——地米斯托克利和阿里斯蒂德[1]的崛起，他们都不是传统的贵族政治家。地米斯托克利的母亲并非雅典人，她的家乡或许是在卡里亚，或许是在色雷斯。他们出身寒门，都会为自己的家乡在整个西方文明史上写下浓墨重彩的一笔。可惜的是，这两位政治巨星因思维与行事风格的差异而终生为敌，但国难当头又会让他们压制住对彼此的敌意。若是他们可以在政治家们都普遍缺少的廉洁上也有这种竞争意识的话，那么不

[1] 阿里斯蒂德是古希腊雅典的政治家，他在对抗波斯的战争中，充分发挥了自己的领导力。希罗多德曾评价他是雅典最完美、最具道德之人，苏格拉底对他的评价也大抵如此。——译者注

管是对他们自己还是对整个雅典来说，都会是一件好事。

可惜地米斯托克利对贿赂从来都是来者不拒，阿里斯蒂德倒是让自己留下了“正义者”的名声，这本身就暗示了政治家的相对腐败。对地米斯托克利而言，期待他的政治生涯像是没有任何污渍的画就像大家希望奥利弗·克伦威尔（Oliver Cromwell）[1]、沃伦·黑斯廷斯（Warren Hastings）[2]一生清清白白一样荒谬。他从一无所有到腰缠万贯，这是不容置疑的事实。他确实推动了社会的发展并致力于为国家谋利，但他的确也从中获得了不菲的收益。他善于分辨事物的真实关系，能力超群，似乎什么问题都难不倒他。只要他想，就没有人能发现他的真正意图。人们难免会对这样的天才人物抱有幻想，人们甚至逐渐相信他能叫出每个雅典公民的名字。他拥有惊人的理解和预见能力，能够对现有事物做出最真实的判

地米斯托克利

[1]　奥利弗·克伦威尔是英国的政治家、军事家和宗教领导者，在17世纪英国资产阶级革命中，他代表着资产阶级新贵族，也是其领军人物。他在1649年处死了英国国王查理一世，将英国改为了共和国，军事大权归他一人所有；他又在1653年解散议会，自己做了护国公并且建立了护国公体制，掌握了英国的实权。——译者注

[2]　沃伦·黑斯廷斯是英国第一位驻印度孟加拉总督，他在职期间加深了英国对印度殖民地的掌控。回国后，曾受腐败弹劾。——译者注

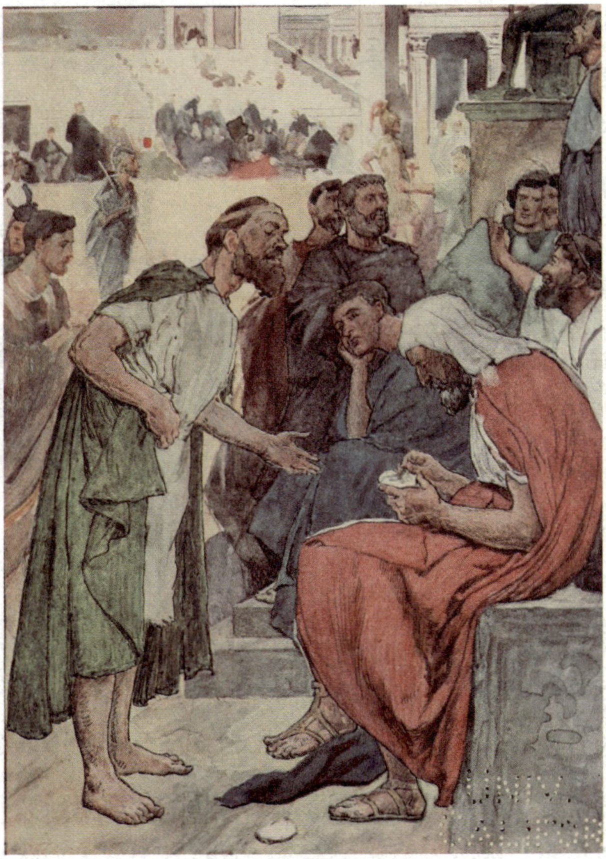

阿里斯蒂德与市民

断，无需费力计算就能预测未来；没有人比他更能摆脱那种鲁莽的脾气，即认为仅靠鲁莽和勇敢就能弥补经验不足和缺乏思想。在地米斯托克利这里没有偶然，没有人能制定比他更明确的政策，也没有人能比他更有说服力地推行他的政策。但是地米斯托克利没有一直这样做。为了把混乱不堪、缺乏联合能力的群体打造成组织严密的精兵，他被迫采取了许多超过法律界限的措施。

他比任何人都更清楚什么对雅典有利，什么对雅典有害；他不会让流程或法律上的顾虑阻止他采取必须立即果断采取的措施。他的天才还没有完全显露出来。他确实参加了马拉松战役，但是没有充分的证据表明他在此战中担任了重要角色。

雅典面临着史无前例的威胁，据说，雅典曾派长跑运动员斐迪庇第斯[1]向斯巴达人求助。他在清晨出发，于次日晚上到达斯巴达，足足跑了一百五十英里，超过了波斯和印度任何一个长跑者。但他的辛劳付诸东流。他徒劳地告诉斯巴达人，欧洲希腊人所统治的埃雷特里亚已经沦陷，居民正被波斯人奴役，斯巴达人却仍以要进行卡尼亚节的月圆祭祀活动为由拒绝立刻出兵。而在这个时候，希庇亚斯已经整合完了军队，在马拉松平原上蓄势待发。他梦见自己与母亲同席，这让他欣喜若狂，他将这个梦解释为他即将回到雅典重掌权力，得到属于自己的土地并在故国安享天伦。但一阵剧烈的咳嗽使他的一颗牙掉了出来，他的希望瞬间破灭了。这个意外和传说中征服者威廉登陆佩文西[2]海岸时的遭遇极为相似，那时候的诺曼人也察觉到了胜利的迹象。希庇亚斯拼命寻找那颗牙齿，但一无所获，于是他只能向朋友哀叹道："我的梦已经应验了，我的牙齿已经替我占有了这片土地。"与此同时，普拉提亚人援军的抵达让雅典看到了希望的曙光。普拉提亚人曾迫切地希望摆脱底比斯人的奴役，于是在公元前 509 年到斯巴达请求帮助。是时，克里昂米尼一世推翻克里斯提尼的阴谋刚被挫败，他正从彼奥提亚班师回朝。

---

[1]　斐迪庇第斯是一位闻名于世的长跑运动员，和现代马拉松运动的形成密切相关。传说雅典在马拉松战役获胜后，就是他从马拉松平原跑回希腊，告诉了雅典人这个捷报。——译者注

[2]　佩文西位于英国东萨塞克斯郡，是一座小村庄，距佩文西海湾不过一英里。征服者威廉在 1066 年从法国诺曼底横穿英吉利海峡，在这里登陆进入英国。——译者注

克里昂米尼一世怒火中烧决心报复，普拉提亚人的到来刚好给他提供了一个机会。他认为，帮助普拉提亚人会招致底比斯的强烈不满乃至战争，最好的选择是将祸水东引至雅典。于是他建议普拉提亚人去寻求雅典的帮助。普拉提亚人听从了他的建议，去寻求雅典人的帮助，雅典人义不容辞地接受了他们的结盟申请。对雅典而言，这只是件无关紧要的事，但却给普拉提亚人带来了一场灾难。

现在的情况还算稳定，普拉提亚人向马拉松平原进发，他们知恩图报、不畏牺牲、举全国之力来帮助雅典人，这种高尚珍贵的品格让雅典人看到了战斗的理由。从那时起，两个城邦间维持了二十年的友谊变得更为牢固，在雅典五年一度的十二神献祭仪式中，祭司都会请求诸神保佑雅典和普拉提亚。

从米提亚德出征到他在马拉松战役中凯旋不过两日时间，但他们从未想过能够大获全胜。他们推迟多日才出发，但一离开城市，他们便迅速行动起来，不但打乱了敌方大军的战略部署，还打乱了雅典城内叛徒们——只有这样的称呼才能描述希庇亚斯的支持者——的计划。颇有军事才能的希庇亚斯想出了一个精妙的计策：他让波斯人抛锚登岸，在马拉松平原边缘安营扎寨，从这里出发，沿着伊米托斯山[1]和彭特利克斯山[2]之间的小路便能到达雅典，路程不过二十五英里。这似乎意味着波斯决心在这里决战，而事实上战争也的确在这里爆发，只是波斯人并未真的想在这里应战。在马拉松平原的登陆只是障眼法，目的是把雅典军队从城市附近引开，而真正的进攻应由围攻埃雷特里亚的一万波斯军从法勒隆平原发动，直捣黄龙。希庇亚斯与

[1] 伊米托斯山位于希腊的阿提卡，是雅典附近的山脉。——译者注

[2] 彭特利克斯位于雅典东北方向，是阿提卡地区的山脉。——译者注

内应商定好，只要雅典大军向马拉松平原进军，便在彭特利克斯山头竖起白色盾牌。若大军未出城便发出信号，那就毫无意义了，雅典将军们不会任由城市暴露在未知的危险之中；若待大军离开多时再发信号，那信号也起不到预警的作用。最重要的是，信号需要在雅典军队发现之前先一步将信息传达给波斯军队，这样波斯人将会多出十几个小时，甚至两天的时间进行备战。

这一计划相当大胆且明智。虽然雅典军队并不清楚波斯军队的动向，但是他们绝对不会忽略城内的希庇亚斯支持者。将军们意识到可能出现的阴谋，这导致他们决策与行动的拖沓。普遍的观点认为这种犹豫是在马拉松战场中发生的，这就使得整个故事变得难以解释，但还有另一种观点，认为这种拖沓出现在雅典军队出发前。

根据希罗多德的记载，米提亚德和其他四个主张立即决战的将军，呼吁执政官卡利马库斯投票支持决战，以此反对另外五位希望继续观察的将军。在犹豫之中，卡利马库斯选择了支持米提亚德。于是主战的将军们接管了兵权，他们都选择让米提亚德指挥军队，但米提亚德直到自己执政那天才宣布开战[1]。除非我们认为雅典的将军们在决定立即决战之前就带走了城市的主要力量，并在马拉松战场上拖延战机而全然不顾敌人可能的偷袭，否则我们基本无法反驳这种结论：这样的争论出现在雅典军队未出征之前，而非在马拉松战场上。

如果发信号是为了提醒希庇亚斯雅典军队准备行军或已经出城，那当雅典人已经进入波斯军队视线范围内的平原时再发出信号就变得毫无用处了；波斯人的期望落空了，当米提亚德和将军们激烈争论而

---

[1]　根据雅典法律，十将军委员会中的将军们地位平等，每日轮流执掌兵权。——编者注

踌躇不前时，希庇亚斯的支持者们也被迫推迟了他们的计划。

米提亚德领兵出征了，但他们的谨慎使得希庇亚斯的内应们大为不安，他们因此出现分歧，直到雅典军队出发几个小时后才发出信号。白色的盾牌立在彭特利克斯山头，在蓝天衬托下是那样的耀眼，但来得太迟了。希罗多德承认，他只知道当时确有盾牌无谓地出现在彭特利克斯山头，但对其背后的神秘目的一无所知。战败的波斯人迅速启程从苏尼翁（Sounion）[1]海角逃离，并没有进攻法勒隆平原。现在我们可以还原事件的发生过程了：在经历了长时间的犹豫拖沓之后，雅典将军们决定采取迅速有力的措施，雅典士兵情绪高涨冲向马拉松的敌军，大获全胜，一举挫败了波斯人与希庇亚斯的复辟美梦。当雅典人踏出城门时，犹豫与疑虑被抛在身后。直到战争的前一晚他们才在马拉松扎好营。马拉松的地理环境很简单，辽阔平原的东部是拉努诺斯所在的海岬，北面和西北是帕尼斯山、彭特利克斯山和伊米托斯山的山脊，平原两边都是沼泽，北部沼泽常年无法通行，南部沼泽稍小，在夏季时几乎干涸。曾有相关记载提及马拉松的葡萄藤与橄榄，但如今平原上尽是一片荒凉景象，让人不由得认为这些树木只生长在附近的山坡上。

据希罗多德记载，雅典军队驻扎于山丘与波斯人驻扎的沙滩之间的平原上。雅典联军人数较少，中军薄弱而两翼略强，这种兵力配比可以很好地帮助他们直面敌军。随着一声令下，雅典人疯狂地向波斯军队发起冲锋，转眼间两军距离就被缩短到一英里。波斯人做好战斗准备，但仍惊讶于雅典人的疯狂，他们人数处于劣势，没有弓箭手也

[1] 苏尼翁位于阿提卡半岛最南边，离雅典约四十三英里。苏尼翁的波塞冬神殿闻名于世，也是雅典黄金时代的代表性建筑之一。——译者注

马拉松战役中的雅典士兵

没有骑兵，但却敢率先发起冲锋。漫长的厮杀开始了，无人能想到战斗的惨烈程度。波斯人的中军势如破竹，将雅典人逼退至平原，而雅典的侧翼则越战越勇，很快击溃了波斯军的侧翼。雅典人没有选择继续追击逃散的波斯士兵，目前，他们已成功地包围了波斯中军，取得了主动权。硝烟弥散后，波斯军终于抵挡不住开始溃退。

雅典人乘胜追击，将波斯人赶至海边，试图烧船来阻断波斯人逃生的希望。最终，雅典俘获了七艘波斯战舰，其余的波斯人则迅速乘船逃离了战场。但波斯人仍不死心，他们将留在伊利亚岛的埃雷特里亚战俘带走，绕过苏尼翁海角，想趁雅典人尚未会师与城内的希庇亚斯内应里应外合夺取城池。可惜，雅典人的活力和纪律远远超过波斯人。雅典人以最快的速度从马拉松班师，挫败了波斯人的偷袭计划。最终，波斯人只能驶离法勒隆回到了亚洲。马拉松战役落下帷幕，雅典人取得了伟大的胜利，但整个希腊世界仍然遭受着波斯人的蹂躏。

雅典士兵追杀逃兵

爱奥尼亚人在起义时展现出了无畏的自我牺牲精神，但他们仍然无法摆脱波斯人的奴役。吕底亚对他们的奴役并不算重，但这也阻碍了爱奥尼亚各城邦之间的政治联合。追根溯源，他们的失败源于他们一直以来的传统——相互妒忌、争吵甚至仇恨。

对欧洲希腊人而言，斯巴达的领袖地位一定程度上弥合了希腊的孤立与分裂，激起了一些所谓的“民族情绪”。梭伦与克里斯提尼的改革则让雅典人对波斯王的专制与无限权力心生厌恶。这种政治教育促使雅典人在马拉松对抗波斯的侵略，它不仅决定了大流士一世的命运，也注定了未来薛西斯一世的失败。

在这场极具历史意义的大战中，雅典执政官卡利马库斯为国捐躯，

回到雅典传达马拉松胜利消息后力竭而亡的斐迪庇第斯

悲剧诗人埃斯库罗斯[1]赢得了战士的声誉，他的兄弟基尼吉罗斯在此战中英勇就义。这场战斗中不仅有当时的士兵，还有早已死去的古老英魂；从那时起，这里每晚都能听到幽灵般的马的嘶鸣声和剑矛的碰撞声。古老而神秘的战争回声就这样长时间地回响着，当地农民们认为，如果仅仅是出于好奇而来到古战场想要一窥战事之惨烈，这对自己并没有什么好处。但当地的守护神也不会怨恨那些偶然发现此处异样的旅行者。

[1]　埃斯库罗斯（Aeschylus，约公元前525年—公元前456年），古希腊三大悲剧作家之一，后世称其为“悲剧之父”，著有《被缚的普罗米修斯》《阿伽门农》《善好者》等作品。他参与了公元前490年的马拉松战役和公元前480年的萨拉米斯之战。——译者注

故事的结尾同样简单明了，达提斯和阿特弗尼斯将埃雷特里亚的战俘带回了苏萨，大流士一世因埃雷特里亚人的反叛行为十分不满，但并未降罪于他们，而是将他们安置在阿德里卡，与当地的斯基泰人一同生活。希罗多德补充说，埃雷特里亚人一直生活到他那个时代，仍然说着古老的埃雷特里亚方言；当亚历山大大帝如秋风扫落叶般摧毁波斯帝国时，也能看到这些埃雷特里亚人的身影，他们在世界范围内支持亚历山大大帝的征服。至于斯巴达人，他们在月圆时匆忙出发，于第三天到达了阿提卡，但却没能赶上战役。但斯巴达人还是想看看米底亚人，他们到了马拉松，胡乱吹嘘了一通雅典人的战绩便班师了。对大流士一世而言，萨狄斯曾经的陷落已让他对雅典人抱有敌意，而马拉松战役的失败则让他的心彻底被愤怒占领，他迫不及待地想要征服希腊来宣泄他的怒火。他让使者传令下去，要求每个城市都要集结军队，并且提供比以往更多的船舶、马匹。用希罗多德的话来说，传令兵四处奔走，整个亚洲都震动了三年；但在第四年，曾被冈比西斯二世奴役的埃及人背叛了波斯人，这让大流士一世迫切地想同时征服希腊和埃及。于是，大流士一世立薛西斯为王储，准备亲征埃及。但他在埃及叛乱的第二年便撒手人寰，雅典人、埃及人，他都无法亲自惩处他们了。

如果上述记载被希罗多德认可并采用，那势必会有一些他不愿采用的道听途说。如人所传，雅典城的内应正是阿尔克米昂家族的人，他们在米提亚德进军马拉松时举起了白色盾牌，想指引波斯人从苏尼翁到法勒隆。人言可畏，阿尔克米昂家族因镇压基伦的叛乱而背上了受诅咒者的恶名，无可洗脱。希罗多德对这样的污蔑嗤之以鼻，在他看来，镇压叛乱理所应当，雅典人的自由乃至雅典本身的存在，都离不开阿尔克米昂家族的付出。阿尔克米昂家族驱逐庇西特拉图家族的计划当然不算谨慎，但之后民主制度的巩固则要感谢出身阿尔克米昂家族的克里斯提尼，他的政治改革改变了雅典人的性格，给希庇亚斯的复辟带来了意想不到的、难以逾越的障碍。希罗多德对亚里士托吉坦和哈莫迪丝所制订的刺杀评价不高，而阿尔克米昂家族所表现出的并不是个人受到欺辱而奋起反抗的精神，而是一种任何威逼利诱都无法使其屈服的爱国主义，希罗多德将之与卡里阿斯相提并论。希庇亚斯流亡后，卡里阿斯曾勇敢地拍下他所遗留下的财富。

这场战争让米提亚德名留青史，也推着他走向毁灭。收复利姆诺斯让他获得了相当程度的声望，而马拉松的胜利又让他的声誉水涨船高。从没有任何一个雅典人能获得如此多的关注与爱戴，因此，他决心利用这种关注与公众对他的信任来完成一项伟大事业，他向雅典人宣称，他会为雅典带来大量财富，只需要人民信任他，为他提供一支军队和七十艘船。雅典人对战争英雄的命令坚决执行，很快满足了他的要求。米提亚德率船队航向纳克索斯岛西部附近的帕罗斯岛，包围了这里，要求他们上贡一百塔兰特，并威胁要摧毁这里。米提亚德的出兵理由是惩罚帕罗斯人在马拉松战役里支持波斯的卖国行为，但希罗多德认为这是米提亚德的伺机报复，因为曾有帕罗斯人向海达尔尼斯（Hydarnes）[1] 诽谤了他。对此，米提亚德似乎没有什么强烈的感觉，在马拉松战役获胜后，他甚至可以对此感到自豪。和十年后地米斯托克利勒索安德罗斯岛（Andros）一样，帕罗斯人根本负担不起这样的岁贡，还日夜辛劳地加固城墙以抵抗米提亚德。因此，在封锁了二十六天之后，米提亚德斯不得不灰溜溜地回到雅典，他的目的没有

[1]　著名波斯将军，阿契美尼德王朝七大贵族之一，在大流士一世夺权的过程中扮演了重要角色。——编者注

达到，他的大腿（一说膝盖）严重拉伤。希罗多德认为是帕罗斯祭司导致米提亚德受伤的，他对围攻取胜的信心产生动摇，便与帕罗斯女祭司蒂莫达成契约，听从她的指导。为了与蒂莫商议，他去往帕罗斯城前的小山去见她，但他无法打开得墨忒尔神庙的大门，只能翻墙跳进去。当他走向主殿时突然陷入了巨大的恐慌，他随即跳出神庙，因而摔伤。帕罗斯人请示德尔斐神谕，要以叛徒的罪名杀死蒂莫，却得到了神明的否决。神谕指示道：蒂莫是命运之神的信徒，她的所作所为是命运的必然，是米提亚德命中一劫。于是，帕罗斯人赦免了蒂莫。但米提亚德则狼狈不堪，没有人同情他。

当米提亚德返回雅典时，民怨沸腾，大家都说他是一个大骗子。在一片愤怒声中，伯里克利之父克山提波斯站了出来，指控米提亚德，并要求对他处以死刑。米提亚德躺在床上被带到法官面前，由于伤口的坏疽他无法说话，他的朋友们为他做了最好的辩护，细数了米提亚德曾带给雅典的荣耀。他们不敢反驳误导人民的指控，尽管他们认为人民的盲从也是一个主要原因。按雅典人的习惯来讲，如果逃不过罪责，就只能尽量减轻惩罚。有人便向米提亚德提议让他交五十塔兰特的罚金，以此填补这次远征的花销，他也能被免除死刑。米提亚德照做后，法庭也是这样判决的。如果米提亚德可以像九十年后的苏格拉底那样坚称自己对国家的贡献理应有所回报，要求国家对他的余生提供应有的保障的话，那么他的孩子客蒙也就不会穷困潦倒了。米提亚德的伤势越来越重，在庭审后不久便撒手人寰了。米提亚德带着耻辱死去了，他致力于让公民们富起来，那些人也的确把他从帕罗斯抢到的财富划走了一半。但似乎没什么证据证明米提亚德遭受到了更多侮辱，地理学家兼古文物研究者鲍桑尼亚也持此看法，米提亚德的骨灰一直被安放在马拉松为纪念他而建的坟墓里。

米提亚德之死

关于米提亚德这样一个传奇人物的结局众说纷纭，但在双方的争论中，针对这位将军的欺诈和欺骗指控，几乎都被针对谴责他的人民的轻率和随意的死刑指控推到次要地位。这样的指控总是受到那些对任何形式的民主政府都感到厌恶的人的欢迎。我们天生倾向于同情个人而反对全体公民的压迫，这种倾向是如此强烈，以至于我们有意无意地忽略了，英雄人物的杰出贡献并不能赋予其违反法律的权利。一个因其智慧和军功而赢得广泛声誉的领导人更不应该以此来要求得到一个违背承诺却不用受罚的特权。而且，尤其是对于雅典的民主而言，民众的易煽动与忘恩负义并不是民主导致的。在民主社会中，一个人的影响力一旦建立就很难崩塌，一旦民众对个人的信任被建立起来，即使证据证明其无能或有重大过失，他的地位也会继续保持下去。同时，在民主社会里，政策的转向需要进行坦率而自由的辩论，这往往会导致民众的强烈不满，从而激化矛盾。当矛盾达到不可调和的状态时，滔天的反对就会淹没支持转向的人。之所以会出现“民众忘恩负义”的结果，是因为这次冒犯群众的恰恰是当时政策的制定者，一位曾拥有巨大声望的战争英雄。不过，我们不能就此断定民主社会中群众的忘恩负义行为和不公正审判要比其他类型政府的不当行为更频繁或更有害。

然而，我们不能不看出雅典人民有一种逃避责任的倾向，这种责任并不完全光荣，他们不愿为自己故意促成的结果承担责任。如在远征叙拉古失败后，他们会控告那些敦促雅典出兵的演说家。七年后，他们又以一票的优势对那些战胜了阿津诺赛人的将军们用了死刑，随后把那些诱骗他们通过判决的人送交审判。然而，在这两种情况下，他们都在为自己的判决结果或他们经过深思熟虑和严肃批准的议案进行纠错。

无论多么杰出的领袖，带着热情的希望挺身而出，试图蒙住他的国民的眼睛，领导他们实施他不愿透露其本质的计划，而且他显然不可能保证未来一帆风顺时，就注定他不会有太好的结局。在任何情况下，任何国家或人民都没有理由将国家的力量投入到他们不了解的计划中。如果他们对英明领袖的钦佩促使他们批准这样的计划，那么责任就会从提出建议的人转移到采纳建议的人身上，如果计划失败，出于公平，他们也不会对他进行刑罚。对这样一个领袖来说，解除一切官职，受到同胞的怨恨或蔑视而蒙受耻辱，也许并不算太严厉的惩罚。更严厉的判决需要更纯洁的法官之手。以“雅典政体还在初级阶段，所以需要特别谨慎以防止独裁复辟”为推脱理由，实在是没有什么说服力，这很有可能并不是那时候雅典人的真实想法，这样说也不是在恭维那些在梭伦改革里活了二十年的人们，其改革又被克里斯提尼延续。

希腊诸城邦的领导者们很难在持续发展的繁荣中忍受权力与财富的诱惑，因此，他们很容易成为危害社会的危险分子，但这并不是民众摆脱自己责任的理由。米提亚德或许是被名利蒙住了双眼，从而做出了错误的决定，但雅典民众却愚蠢地盲从了他。我们要进一步指出，雅典人所谓的无知盲从实际上是为了掩盖任务的失败，他们用愚蠢盲从作为挡箭牌，将罪责推到米提亚德身上，因此他们不是受米提亚德愚弄的笨蛋，而是帮凶。十年后，地米斯托克利也进行了类似的尝试，取得了更大的成功，并被认为是雅典将来建立一个庞大帝国的开端。雅典人罪恶的根源，无论是表现在他们轻率的自信中，还是表现在他们对不成功的领袖的愤怒中，实际上都源自雅典的政体，世界上所有古代或现代政府制度概莫能外。

反对君主制国家，尤其是反对寡头政治的主要理由是，在这些国家中，政府机构主要或完全是为统治者的利益服务的，换句话说，这些统治者把控制政府视为一种特权，而不是一种责任。但这一错误绝不仅限于专制或贵族制度：即使在将政治权力授予全民的情况下，也会出现同样的结果。虽然每个人都有选举权，但是这并不能消灭腐败贪污的情况，因为人总是自私的，很多人想的都是怎样让自己的利益最大化，根本不在乎别人。如果按现代的“公民”意义加以理解，那雅典从没有将公民权赋予过全体国民。大批外国侨民被排除于公民阶级之外，更别说奴隶了。因此，每一次政治改革、每一次军事行动都只考虑公民阶级的利益，换句话说，只考虑统治阶级而不是阿提拉全部居民的利益，因此，我们可以说，无能和腐败是民主的必然结果，也是所有其他形式的政府的必然结果。只有在权力根本不被视为特权而完全被视为责任的地方，才能找到真正无私的政府，但除了少数个别的政治家之外，这种观念从来没有成为政客们的准则。这种理念的首要成果之一，就是让人们坚信，任何事业，若经过仔细审查，不能无一例外地促进这片土地上每个阶层的利益，就不得开展。雅典人一味听命于米提亚德，这只能说明当时还没有出现以国家利益为先的无私奉献精神，所以这种自私贪婪的行径才没有遇到抵抗。雅典人在信任领导者的同时，忘记了自己有监督之责，即必须保证国家的公信力和权力。

第七章

入侵者薛西斯一世

我们现在来看看薛西斯和西方希腊人之间伟大斗争的历史，正如希罗多德所描述的那样，它是最辉煌的史诗之一。根据希罗多德的描述，我们可以发现一种与种族或是宗教相关、高于政治的意图，它忽略了政治的动机及其发展方向，用神话时代的叙述来润色实际的历史状况。民族斗争一定是具有历史意义的，如果在民族斗争中加入一些虚构的战争或是英雄人物，那么它就会更加生动形象。在相继发生的事情中，每一步、每个转折都有着预兆、奇迹、神灵、英雄参与了干涉。在这些充满主观描写与夸张虚构的叙述中，我们能感受到其中蕴含的惊人的生命力与美感。希罗多德竭尽所能还原历史的真相，尽管其中的线索断断续续，但它们所展示的是

薛西斯一世

这场战争中事件发展的真实过程。

根据希罗多德的描述，薛西斯一世刚开始并不想遵照父亲旨意与西方希腊人开战。从他这两年的备战中可以发现，他的目标是再度收复埃及，而不是侵略欧洲。薛西斯一世顺利地收复了埃及，将冈比西斯二世打造的镣铐塑造得更为坚固，而后把它交给了兄长阿切米尼斯[1]管辖。在薛西斯一世收复埃及之前，在大流士一世时期被雪藏的玛尔多纽斯复出，劝告薛西斯一世承担起惩罚雅典的责任，美丽、富饶、资源丰富的希腊大陆应该归属伟大的万王之王统治。据说，玛尔多纽斯是为了当上欧洲总督而力劝薛西斯一世的，他不愿让别人查明他的真实意图。阿里亚岱家族的塞萨利酋长们支持玛尔多纽斯的主张；而庇西特拉图家族的拥趸还在急切地寻找理由，希庇亚斯很可能死在了马拉松战场上，但他的孩子们在广散谣言的商人支持下说服了薛西斯一世召开贵族会议。在这次大会上，薛西斯一世告诉出席者，波斯政权要想永垂不朽，就必须保持侵略性。他坚称欧洲境内没有能和希腊民族相抗衡的，因为希腊人意志坚定又聪明，且拥有着各种资源，帝国内的各部族需要联合起来，一旦征服了希腊人，他的征服霸业将畅通无阻，天下尽归波斯。薛西斯一世在这次演讲中所表达的决心是不容动摇的，但玛尔多纽斯则认为这是在让各酋长随意发表自己的想法，并且认为薛西斯一世是在承认自己的软弱。他觉得薛西斯一世没有必要胆怯，没有一个民族能像希腊人那样孜孜不倦地邀请别人来攻击他们。由于没有任何联合的原则，他们似乎除了在各自领土上最肥沃的土地上为他们的争吵而战之外，没有其他的生活目标；一看到波

[1]　阿切米尼斯是大流士一世之子，也是薛西斯一世的兄长。波斯攻下埃及后，担任埃及总督。——译者注

斯人的舰队，他们马上就屈服了。玛尔多纽斯演讲后的沉默终于被大流士一世的兄弟、薛西斯的叔叔阿尔塔巴努斯打破了，他告诫人们要小心谨慎。他认为，不屈服于狂风的树不是被连根拔起就是被拦腰折断，柔顺的树苗反而得以逃脱灾难。阿尔塔巴努斯刚坐下，薛西斯就宣布，他应该受到惩罚，因为他胆小，要和妇女儿童一起被留在苏萨。然而，薛西斯一世的意志远没有自己的言语强硬，就在大会结束的当天，他梦见了睡神。和《伊利亚特》里睡神为希腊元帅阿伽门农送去预兆一样，睡神站在他的床边警告他，如果他放弃了自己一心一意准备的事业，他将遭受到惩罚。和《伊利亚特》中阿伽门农遵从宙斯神谕却走向相反命运的故事一样[1]，薛西斯一世告诉贵族们放弃攻打希腊，他们可以安静地待在家中。他再度梦到了睡神的警示，若是他一意孤行违背神的意愿，那么他将会失去所有的荣耀。薛西斯一世对此困惑地请求阿尔塔巴努斯穿上王袍，戴上王冠，扮作国王躺在他的睡椅上，心想若是梦神所言非虚，那么他一定会来到床边，即使床上躺着的是别人。老人躺下，并告知薛西斯一世只是日有所思夜有所梦，为了弥补他在会上失言的错误，他满怀热忱地执行国王交给他的任务。然而睡神还是来了，他的手里拿着烧红了的烙铁向他靠近，显然是要烧瞎他的眼睛。这下连他自己都无法再用日有所思夜有所梦来解释了。

恶魔般的冲动（希罗多德是这样形容的）现在把薛西斯一世逼到了退无可退的境地。如今波斯帝国的版图和居鲁士二世时期相比，东至尼罗河大瀑布及爱琴海沿岸，迈加比佐斯与玛尔多纽斯在色雷斯与

[1] 特洛伊战争期间，宙斯听从阿喀琉斯之母海洋女神忒提斯的哭诉，授意睡神托梦给阿伽门农，只要他攻打特洛伊就一定能取胜，实则是为了重创希腊军队迫使阿喀琉斯参战，从而给予他荣耀。——编者注

马其顿无往不利，整个塞萨利都对波斯王的事业抱有崇高的热情，乃至在希腊，仍有不少城邦渴望融入这个庞大的帝国。现在，这个帝国将聚集它全部的力量试图去赢得它最庞大的一次战役。达提斯远征马拉松的努力以失败告终，但严格来讲这只是一次海上入侵，这次薛西斯一世希望用数量庞大的陆军彻底征服希腊，用一支比达提斯那时规模还大的舰队作为辅助。他们在博斯普鲁斯海峡和斯特里蒙河搭好了木桥供陆军通过，薛西斯一世还创造性地下令在阿索斯地区开凿一条运河，这样可以避免玛尔多纽斯曾遭遇过的风暴，还可彰显他的天威。

薛西斯一世率军由苏萨启程，顺着奔流的河水前进。各仆从军在卡帕多基亚[1]的克里塔拉与大部队汇合，而后穿过哈吕斯河向克莱奈进发。皮西厄斯曾在这里向大流士一世献上用金子做成的悬铃木和葡萄树，而现在，他也一样重视波斯军的到来，他愿意奉上自己的农场、奴隶与财富，这无疑是给了薛西斯一世一个惊喜。作为回报，薛西斯一世慷慨地赏赐了皮西厄斯，给予了他财富与荣耀[2]。但是第二年春天大军即将启程时，一次日食把这个富有的弗里吉亚人吓坏了，他连忙请求波斯王让他把五个儿子中的长子留在家里。薛西斯一世大怒，他斥责道："我作为波斯帝国的王，尚且不远万里不辞辛劳地与将士们共赴战场，而你竟然要求我赦免一个奴隶的兵役。"念在皮西厄斯之前虔诚的供奉，薛西斯一世宽恕了他其他四个儿子，但皮西厄斯最为看中的长子则被砍断四肢，挂在大军的必经之路上。

---

[1]　卡帕多基亚位于小亚细亚半岛东南部。——译者注

[2]　传说皮西厄斯的财富仅次于国王，他拥有两千塔兰特的白银和差七千就达到四百万斯塔铁尔的黄金。薛西斯一世为了表现他的慷慨，赐予他七千斯塔铁尔的黄金让他刚好能拥有四百万。——编者注

正如前文提到，波斯人到达萨狄斯后又向希腊各城邦派出使者索要土地和水源（唯有斯巴达和雅典除外）。在大军即将进入欧洲前，在达达尼尔海峡却先掀起了一阵腥风血雨。薛西斯一世命令腓尼基人和埃及人制作白麻和纸草纤维的麻绳来建造船桥，但一场猛烈的风暴吹垮了他们的工作成果，薛西斯一世愤怒不已，下令直接处死所有桥梁技师，然后让士兵们用鞭子抽达达尼尔海峡的海水三百下，借此表明自己的决心：不管达达尼尔海峡这里有多少阻碍，他都要跨过去。经过这件事后，薛西斯一世更加留心船桥的搭建工程，确保船桥的稳固。现在，大流士曾经建立的船桥早已消失不见，他对斯基泰人的恶行也随风散去，在欧洲希腊人眼中，薛西斯一世是第一个致力于完成这项挑战、妄图比肩神明的人。

薛西斯一世从萨狄斯行军的旅程向我们展示了一系列令人印象深刻场景，皮西厄斯长子残破的手脚挂在道路两旁，驮着辎重的牲口队缓缓走在队伍前方，后面跟着由附属国提供的一半军队，军容不整，嘈杂混乱。在一段距离后跟着的是一千名波斯精锐骑兵与一千名精锐标枪手，之后便是从尼萨的米底亚平原选出的十匹圣马，后面跟着凡人无法触及的阿胡拉·马兹达神[1]的战车（一说宙斯战车）。战车两边跟着战车驭手，他们负责掌控缰绳；战车之后便是薛西斯一世的座驾，拉车的骏马都是从尼萨挑选出来的，车后跟着数千位波斯帝国的皇室宗亲；在他们后面则是一千骑兵和一万名精英步兵，他们手持长矛，其顶上插着金色、银色的石榴和苹果；最后便是浩浩荡荡的装甲骑兵和附属国的其余军队了。波斯大军顺着伊达山左边前行，经过伊利安平原，来到高耸的帕加马城，薛西斯一世在此举行了庄严的祭拜

[1] 琐罗亚斯德教信奉的主神，尘世的创造者。——编者注

薛西斯一世下令抽打海水

仪式。当他们终于来到阿卑多斯城时，薛西斯一世神采奕奕。他高兴地坐在为他竖起的白色石座上，欣赏着下面的军队演习，他看见底下站着的浩浩荡荡的大军，皆是响应他的号召而来。薛西斯一世对所有人说，此时，他是世上最幸福的人了，随后他却放声大哭。阿尔塔巴努斯问他为何而哭，薛西斯一世坦诚地说是因为自己想到了百年之后这支伟大军队里的人都将死去，他是为死亡而落泪。

薛西斯一世的大军

阿尔塔巴努斯听完之后，对他说道："死亡并不是这世上最悲伤的事情，人的一生正是因为有了生老病死、喜怒哀乐，所以才会显得那么漫长。和人活着要经历的事情相比，死亡应该算是一种解脱了。"

薛西斯一世又说："嗯，你说得对，我们现在掌控着最好的时机，不应该为不着边际的事情浪费精力，我们不聊这些了。我倒是想问问你，若是你那天睡在我的床上没有看到梦神的话，那你会不会继续相信日有所思，夜有所梦呢？我要听实话！"

阿尔塔巴努斯只好说道："应该不会了吧。只是，我还是心存不安，因为我注意到两种强大的力量正与陛下您作对。"

薛西斯一世连忙问道："你这话是什么意思？难道是希腊大军比我们军队的人数还多？或者是我们的舰队不如他们的？若真是如此，我们便要再招募几批军队了。"

阿尔塔巴努斯回答说："陛下说得都不对，而且即便我们再扩大军队，这两股力量也会更强大，因为它们就是陆地和海洋。大海一望无际，没有避风港，战舰若是突遇暴风雨，便无处藏身；陆地上也充满着各种对我们不利的因素。陛下若是一意孤行地继续走下去，那么您一定会遇到越来越多的后勤困难。我们的军队从来都不指望侥幸，这次的征程实在太长了，再这么走下去，军队里一定会发生饥荒。”

薛西斯一世听完这话，反驳道：“你说得确有道理，但无济于事，如果我们不把握住机会的话，那么我们将和成功失之交臂。做事就要放开胆子，畏首畏尾的话便什么也做不了。而且，失败和成功的可能性是一样的，我们有可能遇到灾难和挑战，但也有可能取得成功。”

薛西斯一世的话并不能说服阿尔塔巴努斯，他还是坚持着自己的观点，并请求薛西斯一世不要找爱奥尼亚人去对付希腊人，因为他们是希腊人的亚洲同胞，有血亲之谊。阿尔塔巴努斯坚持道：“如果爱奥尼亚人听从您的诏令投身波斯军营的话，那就只有两种可能，一是想成为希腊世界的主宰，二是想趁机放走自己的同胞。第一种情况对我们并没有什么好处，第二种情况则会让我们损失惨重。”

薛西斯一世认为叔叔是被自己的偏见蒙蔽了，不仅是远征斯基泰的大流士一世的生命，乃至整个帝国的存续，都得归功于在多瑙河边守护船桥的爱奥尼亚人，他相信这些人的忠诚。于是，他便将阿尔塔巴努斯派往苏萨负责征兵工作去了。

次日清晨天刚亮，薛西斯一世洒酒入海峡，以此拜日神。他已下定决心，不论经历何种困难险阻，他都不会后退，一定要完成这次远征，收服整个欧洲。在横跨海峡的船桥上飘起了乳香四溢的青烟，薛西斯一世走上了桃木树枝铺路的船桥，带着离开萨狄斯时的那种气势，从亚洲来到了欧洲。当时，没有什么特别的迹象表明，这位表面上的神正在走向毁灭。唯一的异象就是一只母驴生下了一只野兔，这让希罗多德相信，这次满怀信心开始的远征将以灾难和耻辱告终。

薛西斯一世根本没察觉到灾难将至，波斯舰队也离开了阿卑多斯往西航行，陆军则向东进军，经过以其名字为达达尼尔海峡命名的那位少女的坟墓[1]，最终抵达了多瑞斯库斯（Doriscus）[2]。在赫布罗斯河奔腾入海的这片广阔平原上，薛西斯一世让大量士兵尽可能靠拢，而后将之围住，如此来点清人数，发现仅步兵就有 170 万之多。以此来看，就算最后清点出来大军人数为 1700 万也没什么好惊讶，但最令人震惊的是，波斯的舰船不是 100 艘或 500 艘，而是 1207 艘。关于这个数据，希罗多德的作品中有相关记载，埃斯库罗斯所创作的戏剧里也提到了波斯大军的人数。希罗多德相当清楚这部戏剧，而埃斯库罗斯在其中给出的数据是 1000 艘，这倒是我们能预料到的。他的

达达尼尔海峡

[1] 达达尼尔海峡古称赫勒斯滂，传说海神涅柔斯的女儿赫勒在此落水而亡，为纪念她，宙斯将此地命名为赫勒斯滂。——编者注

[2] 多瑞斯库斯是古希腊的一个城市，位于色雷斯地区（现在的保加利亚）。根据希罗多德的记载，薛西斯一世曾将他的舰队集结在多瑞斯库斯。这个城市因其战略位置而成为波斯军队在欧洲的一个重要集结点。——编者注

确说过，波斯战舰中有207艘战舰的速度是极快的，但他并没有说这207艘战舰是否包含在那1000艘战舰之内。

虽然如此，但埃斯库罗斯的资料来源和希罗多德并不相同。但除了爱琴海岛民贡献的17艘船外，其余的船只皆为整数。腓尼基人提供了300艘战舰，埃及人提供了200艘，奇里乞亚人提供了100艘，黑海周边城市提供了100艘，帕姆菲利亚人[1]提供了30艘，吕基亚人提供了50艘，塞浦路斯人提供了150艘，卡里亚人提供了70艘，爱琴海岛民提供的战舰数量只有17艘。若是埃斯库罗斯给出的总数是雅典人众所周知的，那么有人误解了埃斯库罗斯总结数字的行文，从而找出了得出预期结果的几个因素，而希罗多德将这些因素作为历史事实接受了下来，这就没有什么值得我们惊讶了。但更有可能的是在一份假冒的名单中混杂了一些清晰的数据，所以西方希腊人最为了解的波斯舰队数目应该是他们亚洲同胞所打造的战船数目。这些船只数和岛民提供的17艘加起来正好是207艘，是埃斯库罗斯所记载的为薛西斯一世服务的快船的数量，其中除了爱琴海岛民提供的17艘外，有100艘是爱奥尼亚人提供的，有60艘是伊奥利亚人提供的，有30艘是多利安人提供的。这些也就是埃斯库罗斯唯一能肯定来源的战舰。

埃斯库罗斯似乎将我们引向这样一种结论，即这个历史数字被纳入了人为的1000艘船的总数中，希腊人某种粉饰自己的骄傲也在其中体现——波斯舰队中最快的船是希腊人所造而非腓尼基人。在埃斯库罗斯笔下，这207艘战舰是包含在参与萨拉米斯海战的1000艘战舰之内的。希罗多德却认为，207是波斯王在多瑞斯库斯检阅部队时

[1]　位于小亚细亚地区帕姆菲利亚的希腊人。——译者注

的数量，他坚称在战争中损毁的战舰共有647艘，被缴获了120艘。如此一来，可以发现所谓的1000艘的数据只不过是东方人追求完美的一种粉饰罢了。

薛西斯一世带领582万陆军远赴塞莫皮莱，行伍间还有许多女性。我们就把这句描述当成是波斯军队规模庞大，给人留下不可磨灭印象的证据。修昔底德也说虽然他自己是这段历史的经历者，但他也不能确定究竟有多少人参加了曼提尼亚战役[1]。所以，薛西斯一世在多瑞斯库斯清点了大军全部人数这个说法确实不合理。

事实上，希罗多德坚信波斯拥有百万大军，但他还有一个更崇高的目标，并且以一种特别的叙述方式告诉了大家。薛西斯一世在清点完军队后就让人去把被流放的斯巴达君王德马拉托斯请了过来，然后问他希腊人究竟有没有胆量和波斯大军对抗。德马拉托斯则反问薛西斯一世是想听真话还是假话。薛西斯一世选择了前者，并且答应不会问罪于德马拉托斯。德马拉托斯便告诉薛西斯一世，希腊人可以摆脱贫困与暴政，依靠的正是他们的勇敢，而这份勇敢是来源于他们的过人的智慧与完善的法律，所以抛开别的因素不谈，哪怕希腊人只有不到一千人，也一定会和波斯军抗争到底。

薛西斯一世听罢大笑："连一千人都没有还敢来和我们作对？你以前也是他们的国王，我倒想问问，你会带着十个人去打仗吗？要知道，即使是手握几万人，如果他们不守军纪、指挥混乱，也不可能打得过我的大军的。如果希腊人被鞭子赶着上战场，也许他们能以少胜多。但别跟我说什么自由，希腊人根本做不到这些。就算他们的人数

[1] 指修昔底德自己经历的伯罗奔尼撒战争，曼提尼亚战役是其中的重要一战，斯巴达军队获胜。——译者注

和我们一样，他们也一定不能战胜我们，波斯的长矛军可以以一敌三。你会说出这样的话，实在是因为你自己蠢钝无知！”

面对激动的薛西斯一世，德马拉托斯用最简洁的语言回复：真相往往是让人难以接受的。他提醒波斯王，希腊人曾在他的手上夺去了他的尊严和荣耀，曾将他驱逐出他们的家园[1]，他们高贵的品质再怎么夸赞也不为过。“我确实不会说我能带十个人，甚至两个人出征，我没有这种自信和信念。单独一个斯巴达人和别人并没有太大区别，可一旦所有的斯巴达人都聚在一起的话，他们将拥有世上最强大的力量。斯巴达人拥有自由，但这不代表他们没有统帅，那就是法律。斯巴达人对法律的敬畏远胜于波斯人对您的敬畏。法律规定了他们要去做很多事，但最基本的就是不可以临阵脱逃，宁为玉碎，不为瓦全，要誓死捍卫自己的领土！”

这两位君王的对话区分了屈从与自愿奉献，并揭示了一个真理——以暴力手段而得到的力量永远不可能战胜因为内心道德的驱使而产生的力量。少数人掌权的暴政就和拿破仑的行为一样，但他知道仅凭士兵与先进武器并不是决定性因素，激发军队士气才是重点。拿破仑可以掌握大权，很大程度是因为他拥有点燃士兵情绪的天才能力。这场对话揭示了一个真相，即使是这样的高度——仅仅是欺骗的标准——波斯君主也不可能达到。居鲁士二世早年的话就警示过薛西斯一世，波斯帝国并不是依靠那些被强行押到战场上作战的士兵才建立的。和其他东方世界的君王一样，薛西斯一世混淆了两种力量，一种是被征服的冲动所驱使的顽强战士的力量，一种是泯然众人的力量，他们的目标是尽量少干活，而且干得越差越好。

[1]　这里应指大流士一世入侵希腊以失败告终。——编者注

拿破仑·波拿巴

波斯陆军自多瑞斯库斯启程，一路上十分顺利，只是在山区中遇到了一些色雷斯部族无关痛痒的攻击。他们抵达了斯特里蒙河边的埃翁（Eion）城，当时这里由迈加比佐斯任命的波斯总督博吉斯管辖。斯特里蒙河上早就建好了桥供波斯军通行。为求好运，薛西斯一世下令在这里活埋从乡下抓来的十六名少男少女，随后离开了“九条路”——将来的安菲波利斯所在处。波斯大军经过埃切多罗斯河旁的广阔大地后，队伍在从塞尔迈湾延伸到阿利阿克蒙河[1]两岸的土地上休整，薛西斯一世眺望西、南，目光落在奥林帕斯山和奥萨山的壮丽风光上，皮尼奥斯河自坦佩河谷流出，奔向大海。海岸一直向南延伸至皮立翁山脉，很快他就会在这里感受到无形的神明对他的愤怒。薛西斯一世惊奇地凝视着

[1] 此河共有一百八十五英里长，是希腊境内最长的一条河流。——译者注

两侧高耸的巨大岩壁。传说他曾经询问，自己能否像居鲁士二世对待金德斯河那样征服皮尼奥斯河。在那些屈服于波斯的部落中，阿雷乌阿斯部落的族长最为睿智且富有热情。他借着问题指出，他们现在深处盆地，任何一个河流的出海口被阻塞都有可能将这里淹没，吞噬掉这里所有的生灵。薛西斯一世对塞萨利人的殷勤心知肚明，生活在这样一个无险可守的地方，先一步与侵略者结盟以确保自身存续是再明智不过的选择。

薛西斯一世被迫停留在塞尔迈湾一些时日，他派出先锋部队沿着山路将树木全部砍掉，造出一条小路。之后，薛西斯一世率陆军向冈努斯（Gonnus）进发。大军走了十一天后，波斯的舰队仅用了一天的时间便驶达皮立翁山脉的马格尼西亚沿岸，由于皮立翁山脉的阻隔，这片海域成为了风神波瑞阿斯倾泻风暴的死亡之地。除此之外，薛西斯一世的征服之旅似乎并不算困难，但我们很快就能通过文献记载看到，他的旅程并不是表面上那样轻松的。

在接下来的故事中，西方希腊所发生的战争会决定之后雅典和斯巴达在战争中的地位。雅典和埃吉那之间的宿怨让雅典人更加看重海军建设，这让他们在将来的战争中受益匪浅。埃吉那和雅典的争执主要是贵族寡头政权和民主或人民政权的矛盾。雅典的贵族首领们杀害了约七百名平民，却随即被雅典人民击败[1]；埃吉那岛上的寡头们则幸运多了，他们趁雅典海军不备偷袭，让雅典人损失了四艘战舰和许多海员，这种耻辱让雅典人刻骨铭心。事实上，地米斯托克利从政治生涯的一开始就不厌其烦地劝告雅典人应发展海军。发展海军的新政

[1]　原文如此。疑指第108-109页伊萨格拉斯驱逐七百余户家庭，又被雅典人民围困于卫城一事。——编者注

策加重了阿里斯蒂德与他的矛盾及这种矛盾给整个雅典带来的危险。阿里斯蒂德曾直言："如果雅典人足够有智慧，就该把地米斯托克利扔到峡谷里摔死。"雅典人也这样认为，于是以陶片放逐法阿里斯蒂德流放。这次投票确认了采用新政策而不是旧理论，即认为海军是创新和变革的温床。地米斯托克利为了加强这一政策反复强调，薛西斯一世为了完成其父大流士一世的事业已经做了充足的准备，让雅典人确信波斯的铁蹄即将踏上他们的家园，他们必须枕戈待旦，以迎接任何可能从陆上或海上来袭的敌军。

大流士一世的远征计划，最开始因为埃及的叛乱不得不推迟，直至他撒手人寰也没能实现，其子薛西斯一世的准备工作又拖了很久，这对地米斯托克利和雅典来说着实幸运。在此期间，雅典通过开采劳里昂[1]银矿积累了大量财富。在庇西特拉图家族实行独裁专制期间，他们基本没有动用这些矿产。克里斯提尼进行的宪法改革所激发的进取心已经得到了回报，收获的白银足以为每个雅典公民提供十个德拉克马[2]。但地米斯托克利号召人民放弃这些蝇头小利，用这三十万德拉克马建造两

德拉克马

[1] 劳里昂位于阿提卡地区东南部，这座银矿的发现和开采让雅典得到了大量财富。——译者注

[2] 古希腊的银币。——作者注

百艘战舰，然后以此来对抗埃吉那人。希罗多德认为，正是这些战舰挽救了希腊。

不是所有城邦都像雅典这样防患于未然，但有一部分城邦确实认识到了无休止的内部斗争与争吵并非明智。在科林斯举办的大会上，各城邦国家达成共识——波斯大军压境，大家应该团结一致。埃吉那人则因与雅典人的不睦被排除在大会之外，希腊人孤立的个性仍同以往。希腊的很多城邦都和波斯有着千丝万缕的关系，一提到波斯海军中实力超群的腓尼基舰队，那些拒绝屈服于波斯的城邦便瑟瑟发抖。而在这一片灰暗的前景中，是雅典人燃起了希望的火把并推动各城邦团结行动。希罗多德认为，若雅典投降波斯，那希腊的海军力量完全不能与波斯抗衡，斯巴达的陆战胜利也就变得徒劳无功。因此，在拯救希腊世界这件事情上，雅典人起了决定性作用。希罗多德的观点是有价值，他自己也认为这是正确的，尽管这可能会激怒很多人。

形势危急，大会一结束，希腊联军即刻派三名侦察兵探听波斯军队虚实，但他们得到的信息毫无用处。这几年间，整个亚洲大陆都回响着波斯人整军备战的喧嚣声，兵过如篦，行军沿途尽是被吃光粮食而哀泣的百姓。这三名侦察兵不慎被俘，不过薛西斯一世并没有杀了他们，而是带他们去参观了波斯军营，之后让他们毫发无伤地回国去。这三人也觉察到了灾难的迹象，用夸张的修辞来传播恐惧，他们刚进入德尔斐神殿便收到了这样的答复：

> 不被幸运之神眷顾的人啊，为何还要坐在这里？快走吧，离开家乡才能活下去！
>
> 五体皆无声息，悲惨在弥漫。
>
> 叙利亚的战车带着水和火飞奔而来，将要毁天灭地！

城池都将经历毁灭，无论是你们的，还是别人的。

那些供奉着永恒之神的神殿将被付之一炬！

神殿周围的墙上会出现大颗大颗的水珠，那是神在害怕，在颤抖！

至于你们，一定要离开这里！站起来吧，勇敢地去对抗罪恶！

三人被这样的回答吓到了，占卜师出言安慰了几句，并让他们重新抽签。他们都希望这一次抽到的是上上签，如果不然，他们便在这里一直等下去。而这一次他们得到的回答是：

雅典娜劝说不了奥林帕斯山上的宙斯，无论她怎么祈求祷告。

宙斯的回答就像我现在给你们的回答一样，决不会改变。

宙斯说，就算凯克洛普斯[1]土地上的东西都已经耗尽，也不能把木墙拆毁，因为它是你和孩子们的唯一希望。

不要坐以待毙，现在便走，否则你们终会遇到灾难。

庄严的萨拉米斯[2]会毁掉那些妇女诞下的孩子，当在春种或是秋收的时候。

这三人回到雅典后就将神谕公之于众，其中鼓励雅典人坚定斗争的预言和地米斯托克利的政治主张不谋而合。这位伟大的政治家早就下定决心要使雅典成为一个海上强国；他的整个职业生涯证明，他会毫不犹豫地采取任何必要的措施来实现他的目的。因此，在三人读完

---

[1] 神话中的雅典王。——编者注

[2] 位于萨罗尼科斯湾，是这里最大的一座岛。公元前480年，希腊和波斯在此激战，薛西斯一世战败。——译者注

神谕后，地米斯托克利就立刻说道："雅典人民，神让你们背井离乡逃到其他地方是不对的，那些让你们守在陆地上捍卫卫城的老顽固们也是错的。神之所以提到木墙，是因为以前的木墙旁边都长有荆棘，他们说雅典会在萨拉米斯的海战中战败，并且将萨拉米斯说成是孩子们的葬身之地，这是在故意误导你们。这不是神谕的本意。如果神谕是对我们的回复，那祭司就该说"可悲的"萨拉米斯而不是"神圣的"萨拉米斯，神谕描绘的不是我们，而是敌人们未来的悲惨遭遇。让我们为即将到来的海战做好充足的准备吧，神谕已经揭示了，舰队就是我们的木墙。"回想前文所提及的克里昂米尼一世被神谕蒙骗而攻打希庇亚斯的事，我们就很容易想到地米斯托克利同样能把神谕当作实现自己目的的工具。在德尔斐神谕的激励下，地米斯托克利继续给雅典人灌输他的信念——只要坚持对的方向、对的方针，那么雅典一定会是最后的赢家。为自己的辩论加入特定的背景是地米斯托克利所处时代的智慧，而他的后人也会继承并发扬这个辩论技巧。

虽然地米斯托克利说服了雅典民众，但整个希腊世界并没有达成共识。科林斯会议上许多城邦直接表示，他们宁愿立即退出联盟，也不愿接受除斯巴达外任何城邦的统治。在真正的爱国主义的驱动下，雅典人放弃了他们的某些主张，他们宁愿自己的人民被流放、土地被蹂躏、家园被摧毁，也不愿看到一个四分五裂的希腊。他们并不指望阿尔戈斯人和彼奥提亚人。身为英雄珀尔修斯（Perseus）[1]后裔的阿尔戈斯人宣布将视波斯人为亲族，并坚持在战争中保持中立。彼奥提亚的统治者为了镇压不满的民众致力于实施反希腊的政策，并怀着一种不顾一切的热情坚持下去。克基拉人会见了代表大会的使者，并

[1]　希腊神话中的英雄，宙斯之子。传说中曾斩杀女妖美杜莎。——编者注

珀尔修斯

表示愿意随时出兵相助，但他们派出支援的六十艘战舰都被指挥官命令不许进军。他们坚信波斯人会打败希腊人，待到那时，他们就可以用没有派出支援扭转战局的借口向薛西斯一世投诚。但如果希腊人侥幸获胜，他们就可以说，是因为逆风的阻挡，所以他们无法准时支援。同盟派去求见叙拉古统治者革隆（Gelon）[1] 的使者们也徒劳无功，他们试图说服革隆出兵援助他的东方邻居，唇亡齿寒，希腊覆灭，西西里的大门也将向波斯敞开。

革隆则愤怒地谴责他们的自私，在他被迦太基人逼迫的时候希腊

[1] 叙拉古僭主，公元前485年利用叙拉古居民内部矛盾得以执掌权柄，在位期间打败迦太基的入侵，使叙拉古成为西西里岛东部霸主。——编者注

人曾拒绝帮助他。不过，他仍然承诺，如果希腊承认他是对抗东方帝国入侵的领袖，他将派遣一支庞大的军队，并承担所有军费。斯巴达使者对此很难接受，说道："若是阿伽门农听到叙拉古要抢走斯巴达人的荣耀的话，他一定会为我们哀悼的。斯巴达不可能将领袖之位拱手让予他人。"不过革隆并没有因此而生气，他说道："这位斯巴达的朋友，你的话确实让人生气，但我并不会以牙还牙。我可以修改一下我的条件，斯巴达人可以从海洋和陆地中选择一样统治，剩下的就交给我来掌控。"但雅典的使者立刻表示了反对，虽然他的同胞们准备在陆地上服从斯巴达的领导，但在海上则是雅典的势力范围。革隆结束了这场辩论，他告诉他们，希腊似乎有很多领导人，但被领导者却很少，并让他们回去告诉希腊人，不要再浪费时间。希罗多德对这个故事颇为相信，但它还有另一个版本。依西西里人的说法，革隆拒绝帮助希腊不是因为斯巴达人不肯让出领导权，而是因为哈米尔卡（Hamilcar）[1]正带领迦太基大军攻打叙拉

革隆

[1] 哈米尔卡·巴卡（公元前275年—公元前228年），活跃于第一次布匿战争期间的迦太基将军，著名军事家汉尼拔·巴卡的父亲。他成功地扩大了迦太基人在西班牙南部的利益，将迦太基从一个海上强国转变为陆军强国，确立了巴卡家族在迦太基的统治地位。——编者注

古，其军队规模不亚于波斯大军，因此他无暇东顾，但还是资助了一笔钱送到德尔斐神殿。

一路受阻又不愿屈膝投降的希腊人，当务之急是守住希腊各个要冲，给侵略者设置足够多的障碍，其中最重要的就是坦佩关口。塞萨利人积极配合，颇有眼光地提出防御关隘以阻断敌军深入腹地的计策。进入塞萨利盆地的小路长约五英里，最宽不过二十英尺，路上有些地方甚至最宽之处也只有十三英尺。地米斯托克利在这里部署了一万重装步兵，准备截断波斯人的行军路线。但马其顿人很快去书提醒，在珀雷宾人居住的冈努斯的西边还有一条路可以通行，波斯人可以从西部侵入塞萨利盆地腹地，围困希腊士兵。如此一来，希腊人只能放弃坦佩关口了。

塞萨利人对希腊联军的撤兵非常不满。失去坦佩谷的防御，塞萨利盆地就无险可守，因此他们早有约定，如果希腊人不帮助他们守护家园，他们便投降薛西斯一世。希腊联军决定从坦佩撤退，同时决定在塞莫皮莱驻防；希腊海军则应在阿尔忒弥斯海岬或面向马里安湾的尤卑亚岛北岸驻扎。

在希罗多德之后的年代里，斯佩耳刻俄斯河（Spercheios）带来的泥沙不断堆积，改变了马里安湾地区的地形，以至于希罗多德所描述的一些地势特征如今已经消失不见。当时，斯佩耳刻俄斯河在山口以西约五英里流入大海，现在则移到了山口以东约四英里的地方。耶特山[1]的分支阿诺沛亚山山势笔挺，延伸至安锡勒小镇，几乎与马里安湾相连，它们相距不过一条马车道的距离。从此处到第一个有洛克里斯人居住的村落阿尔佩尼，它位于耶特山的另一个分支，这里的空

[1] 耶特山位于品都斯山系东南边，是希腊中部的山脉。——译者注

地稍微宽敞些，列奥尼达一世的军队就驻扎于此，但实际上这里和被称为“炽热之门”（Hot gates）[1]的关隘一样狭窄。这条狭路的两边，一边是险峻的山峰，一边是由温泉形成的沼泽地，温泉叫作科托伊或潘斯，是温泉爱好者们的圣地。为了让这条狭路更加难以通过，福基斯人用温泉水淹没了整个入口，并在靠西的位置修建了一座带有牢固大门的坚固城墙。由于年代久远，这里的建筑大多本已倒塌，但现在被修复，希腊联军决定以此为依托在这里等待入侵者的到来。

列奥尼达一世出乎意料地继承了斯巴达王位，迎娶了自己的侄女戈尔戈[2]，夏至的时候，他聚集了大约八千到一万的士兵奔赴塞莫皮

列奥尼达一世在温泉关

[1]　即塞莫皮莱（温泉关）。——编者注

[2]　列奥尼达一世与克里昂米尼一世是同父异母的兄弟。

莱。这是列奥尼达一世首次也是最后一次以国王之尊亲自远征，三百名精锐斯巴达重装步兵随他出征。此外还有从泰耶阿（Tegea）[1]、曼提尼亚和奥尔霍迈诺斯（Orchomenos）而来的阿卡迪亚人；也有科林斯、弗利乌斯（Phlious）[2]、迈锡尼所派遣的军队；还有福基斯人和洛克里斯人派遣的军队。除此之外，他们还强征七百个铁斯匹亚[3]人和四百个底比斯人加入军队，以确保这些城市的人会尽心帮助希腊[4]。

有关塞莫皮莱发生的血腥厮杀的描述逐渐变得扭曲，部分原因是近半个世纪的口耳相传会逐渐模糊故事的原貌，但更多的原因是出于叙述者对特定城邦的美化或污名化。但仍有重要的迹象表明，有关这段冲突的记载还算公允可靠，希腊人的失败远比希罗多德所讲述的故事要严重得多。

叙述者重点着墨于列奥尼达一世及其三百勇士的英雄壮举，就像将萨拉米斯海战胜利的荣誉归于雅典人一样。这种英雄主义照亮了斯巴达的三百精锐勇士，他们在三百万波斯士兵的进攻下仍取得了不朽的功绩。但这其中“三百万波斯士兵”的描述显然是被夸大了，因为希腊人自己都认为仅凭八千到一万的士兵就可以在大部队尚未动员时守住塞莫皮莱。我们也不能在看到“战场上有一个雅典士兵”的描述时，就想当然地雅典主力也参战了。地米斯托克利的主力部队正奔赴

[1]　位于希腊伯罗奔尼撒半岛的阿卡迪亚地区。——译者注

[2]　位于希腊伯罗奔尼撒半岛，其最初的名字来自希腊神话故事中的阿卡斯之女阿荣特瑞娅，之后又换成了希腊英雄弗利乌斯。——译者注

[3]　位于古希腊彼奥提亚地区，当地人被叫作铁斯匹亚人。——译者注

[4]　当时底比斯有向波斯投降的趋势。——编者注

坦佩关口，因此斯巴达人必须全力防守更为重要的塞莫皮莱，即使他们拒绝履行这一职责，联军也一定会强令执行。

斯巴达人正枕戈待旦，波斯舰队却在马格尼西亚湾遭遇了风暴。他们在薛西斯一世离开塞尔迈湾的第十一天驶达马格尼西亚海湾，群山之下，复仇之神涅墨西斯早已在此等候，自大的薛西斯一世即将遭受正义的惩罚，克洛伊索斯、居鲁士二世、冈比西斯二世以及波吕克拉忒斯所经历过的灾难，也将降临在薛西斯一世身上。在德尔斐神谕的指引下，雅典人向他们的亲戚——风神波瑞阿斯祈祷[1]，作为回报，在风暴停歇后，雅典人在伊利索斯河边专门为他建立了神殿。波斯的指挥官们不惧危险，他们命令那些先到的船只停泊在海滩上，其余的船只则在他们后面抛锚，排成八列，面向大海。黎明时，空气晴朗，海面平静，但一阵被称为“赫勒斯滂风”的微风不期而至，转瞬间就聚集成一场风暴。士兵们将海边的战舰拖到岸上，但距离较远的船则被狂风吹走，随着海浪的翻涌冲向皮立翁山脉，甚至沿着海岸冲到了卡斯坦尼亚。

这场狂风持续了四天，无数东方艺术品和奢侈品凌乱地散落在岸上，这片荒地的主人发了一笔横财，拥有了数不尽的宝物。而另一边，希腊人在波斯舰队逐步逼近时就已经撤退至埃夫里普海峡，他们在风暴的第二天得知了波斯海军的遭遇，于是鼓起勇气再次回到了阿尔忒弥斯海岬。但希腊人显然低估了波斯人的实力，当风暴减弱时，他们重整旗鼓将舰队驶进阿佩泰，与希腊舰队形成对峙。几个小时后，一支波斯舰队误把希腊舰队当成友军，径直驶入陷阱。希腊人俘虏了大

[1]　神话里，波瑞阿斯的妻子是雅典国王厄瑞克透斯的女儿俄瑞提亚。——编者注

批船员，包括波斯总督桑多克斯，从他们口中探得了波斯王的行动计划。

彼时，薛西斯一世已经带兵通过了塞萨利，在马里安人居住的特拉契斯安营扎寨，这里离希腊在塞莫皮莱关口的驻军处不过几英里而已。希罗多德曾经生动形象地描述过这里发生的事：薛西斯一世派斥候探查希腊联军动向，他攀上福基斯旧城墙向西望去，只见斯巴达人全副武装聚集在一起，有人摔跤，有人梳理头发。斥候回报称希腊人十分愚蠢，胜利唾手可得。但德马拉托斯对此做了不同的解读：斯巴达人每当遭遇重大危险，总是要梳理头发准备从容赴死，这表示最勇敢的斯巴达人也感受到了波斯大军的威胁。薛西斯一世不解地说："他们只有这些兵力，怎么可能和我们的波斯大军对抗？"于是薛西斯一世按兵不动，直到第四天的时候，他认为希腊联军早就溃逃了，于是下令进攻，但随后的战况让他颜面尽失，波斯人的数次进攻均被打退。薛西斯一世恼怒万分，他下令强攻塞莫皮莱，但波斯人的矛较希腊人的短；在和这些重装士兵的战斗中，亚麻短衣没有丝毫防护作用；在狭窄的关口前人数反倒成了劣势，希腊人佯装逃走吸引波斯士兵追赶，而后突然转身杀个回马枪，毫不留情。

血战的惨烈超出了薛西斯一世的想象，甚至将他吓得三度从王座上跳下。第二天，薛西斯一世认为希腊人早已疲惫不堪，于是下令再战。不想，希腊人精力如常，全线出击，只留福基斯人把守山道。希腊联军愈战愈勇，令薛西斯一世束手无策，曾经的豪情壮志荡然无存。谁料这时，有个名为埃彼阿提斯的马里安农民求见薛西斯一世，声称自己可以带波斯人从小道包抄希腊联军。薛西斯一世大喜过望，入夜之后，他命海达尔尼斯带兵跟随埃彼阿提斯，他们沿着这条山路走了一整晚，最终登上阿诺沛亚山顶。刚开始，福基斯人并没有察觉波斯人的到来，直到波斯人接近，将脚下的树叶踩得沙沙作响时才如梦方醒，急忙披挂上阵阻挡敌军。海达尔尼斯并未想到山上会有人驻守，于是慌忙下令放箭让波斯人取得了先机。

福基斯人受到箭雨的袭击后，以为自己遇到了波斯大军，便立刻向后溃败，逃至山顶，居险自守。但波斯人并未追赶他们，而是下山向列奥尼达一世身后行进，准备包围他们。波斯人抄后路的消息立即在守军之间掀起了轩然大波，有些人瑟瑟发抖，扬言避战。斯巴达人却毫不意外，他们的预言师美吉斯提亚斯早在前一天就告知了他们命定的结局：他们将在明天战死。列奥尼达一世下令留下斯巴达人断后，其余军队撤退，但底比斯人和铁斯匹亚人是例外，前者被当作人质留下以防其母邦倒向波斯，后者则决心与斯巴达盟友共赴黄泉。

东方破晓之时，薛西斯一世再次洒酒祭拜，在埃彼阿提斯的提议下，波斯人一直等到市场上的货物装满摊位（上午九点）才下令进攻。进攻的号角吹响，波斯军被迫冲上战场，开始了残暴的杀戮，许多人都掉到了海里直接被海水吞没了，还有更多的人被彼此活活踩死，最后，波斯人凭借着人数优势击败了列奥尼达一世和他的斯巴达战士们，他为荣誉而生，为尊严而死。但战斗并未结束，双方为争抢列奥尼达一世的尸体继续厮杀，直到海达尔尼斯带着士兵出现在战场上。希腊军边打边退，来到了城墙内的窄路上，在这里他们又和波斯军进行了一场血拼，希腊的士兵们英勇无畏，他们不断冲锋，一直战斗到铁斯匹亚人和斯巴达人全军覆没。有传言称，在斯巴达军队中最勇猛的战士第厄涅刻在战争开始前曾听人提及波斯军队的恐怖，当波斯弓手齐射时，连太阳都会被离弦之箭遮挡住。但他听过之后却乐观地说："这是个好消息啊，因为我们可以在没有太阳的阴凉处打仗了。"

纪念希腊联军的碑文写道，有四千名来自伯罗奔尼撒的勇士曾在此对抗三百万波斯大军，其中对斯巴达人有专门的记述：

> 请转告斯巴达的百姓们，
> 在他们的恳求之下，
> 波斯的侵略者们已在此处丧命，
> 就在这里，
> 我们枕在侵略者的尸身之上。

和列奥尼达一世来到战场上的斯巴达人共有三百名，其中只有两个人因病留在了阿尔佩尼，一个叫欧里斯特，他的眼睛有问题，但他不在乎，他拿起武器求向导带着他去战场，于战场上找到了他的归宿；另一个人叫阿里斯托德莫斯，当他回到斯巴达后，所有人都将其视为逃兵，敬而远之，直到他在普拉提亚战场上英勇战死，才挽回了自己的名声。至于底比斯人，他们早就匍匐到波斯王的脚边，讲述了一个被希罗多德认为是最具真实性的故事，他们声称自己是率先向波斯投诚的城邦，他们参战是被胁迫的。

经此一战，薛西斯一世开始不住地沉思，他召来了德马拉托斯，问他现在还剩下了多少斯巴达人。德马拉托斯回答说大概还有八千人。薛西斯一世又问他应该如何征服剩下的斯巴达人。德马拉托斯回答只有一个办法，派出舰队占领伯罗奔尼撒半岛南部的基西拉岛。波斯将军们对此表示反对，他们已在风暴中损失了约四百艘船，如果再分兵，那波斯将不能再用数量压倒希腊海军了。于是薛西斯一世放弃了这位被流放在外的斯巴达前任国王的意见，并开始谋划应该如何将温泉关的胜利最大化。他下令将列奥尼达一世的尸体枭首示众，进行鞭尸，他以此来昭告天下：如若还心存反抗，就来塞莫皮莱看看，感受一下，伟大的万王之王是如何摧毁反抗者的。

这种做法实在卑劣至极，就连东方人也看得出来，在硝烟散去的战场两边堆放着二百九十八具斯巴达士兵的尸体和上万具波斯士兵的尸体。还有一件事也和塞莫皮莱战役的道德问题相关。薛西斯一世问一些阿卡迪亚逃兵：“希腊人在干什么？”阿卡迪亚人回答说，希腊人正在奥林匹亚举办活动，享受着摔跤和马术比赛带来的乐趣。另一个问题的回答揭示了一个事实——所谓的胜利者的奖赏，不过就是个简单的橄榄花环。薛西斯一世的手下柴坦泰斯米斯有感而发道：“玛尔多纽斯，你让我们征服的就是这样一群人？他们不为金钱而战，而是为荣誉而战。”薛西斯一世将之归结于怯懦。

尽管整个战役的故事动人壮丽，但很容易分辨出，它并没有如实还原史实。据说，列奥尼达一世军队的人数不到八千人，但他牵制了整个波斯军队十到十二天，给予波斯侵略者沉重的一击。事实证明，如果他选择在阿诺沛亚山部署一支有战斗力的守卫部队，把剩余的士兵全都组织起来进行作战，那他可能会成功守住隘口。福基斯人防守阵线的溃退摧毁了守军成功的希望，但仍留下了撤退保存实力的可能。因此，四千多名士兵被遣散并安全离开，这在我们眼中十分不可思议。在福基斯人离开的一个小时内，海达尔尼斯的部队一定达到了联军撤退的必经之路。荒谬的是，四千人的大部队竟能在后有追兵的情况下几分钟通过比车道略宽的窄路，这势必要经历一场厮杀，但故事却形容他们和平，甚至是悠闲地离开了。

我们也不能排除这样的可能：列奥尼达一世采取了更明智的做法，对福基斯人和那四千名士兵下令死守阿诺沛亚。在联军内部，底比斯人的故事也同样令人不解。这不能用简单的“亲波斯立场”来解释，在列奥尼达一世死后，这些底比斯人便兴高采烈地用他们毫不在乎的

“米底亚主义”标榜自己，以此换取波斯人的信任。希罗多德的观点与此不同，他认为底比斯人是坚定的“米底亚主义”者，如果底比斯人同情希腊，那塞萨利人也一定不会为他们担保。但如果底比斯人就这么违心地处于希腊联盟当中，站在希腊人一边，那他们放弃一切帮助波斯的机会，无论是积极地加入海达尔尼斯或是消极地阻碍列奥尼达一世，这实在令人不解。

我们进一步研究发现，这种叙述的目的是为了赞美斯巴达人。结合雅典海军为了得到塞莫皮莱早期军事情报而采取的措施，我们有理由推断，在塞莫皮莱隘口有雅典军队的存在，因此联军实际人数远大于希罗多德给出的数据。联军被迫的、灾难性的撤退，可以用列奥尼达一世下令遣散的借口维持体面；如果他们意识到自己的懦弱，也就不会阻止一个经过修饰美化的故事，这遮掩了他们在战争期间的疏忽，也拔高了列奥尼达一世和他的斯巴达三百勇士的声誉。

在风暴开始的第二天，得到波斯船队遇袭消息的希腊舰队迅速回师阿尔忒弥斯海岬。风暴持续了四天，在波斯舰队姗姗赶到阿佩泰时，希腊舰队已经在尤卑亚岛北岸休整了两天。希腊联军以逸待劳，他们总共有 271 艘船，雅典提供了至少 127 艘，如果考虑到哈尔基季基人掌控的 20 艘雅典舰船，那雅典人一共提供了 147 艘战舰。根据联盟会上大多数城邦的要求，这支海军的总司令由斯巴达人尤利比亚德担任，雅典人立即表示拥护该项决议，耐心等待时机，寻找机会掌握这支古典时代最具荣耀的海军。

在风暴发生后的第四天下午，波斯舰队便来到了阿佩泰。他们发现了在阿尔忒弥斯海岬的希腊舰队，本想立即发起进攻，但他们更想全歼希腊海军。于是，当天傍晚，波斯人派一支舰队沿尤卑亚岛东岸向南航行，准备绕到岛的西岸从背后突袭。但一个被波斯俘虏的希腊

希腊战舰

水手趁夜色逃回希腊军营，向希腊人告知了这一消息，扬言波斯人想瓮中捉鳖。可当波斯舰队即将抵达阿佩泰之时，希腊舰队还是没有撤退的打算。

这个故事并没有给我们留下多少余地。据说，得到消息的希腊舰队决定立刻撤回哈尔基斯，但地米斯托克利拒绝了。他用五个塔兰特贿赂了尤利比亚德，又用三个塔兰特收买了科林斯将领阿德曼托斯，让战舰停在原地，直到尤卑亚人从岛上迁走。据说，地米斯托克利这么做是收取了尤卑亚人三十个塔兰特的贿赂，他又用其中八个去上下打点。

我们必须在这里指出四点：其一，地米斯托克利自己私吞了二十二个塔兰特；其二，尤卑亚人不久就会知道他们的贿赂白白浪费了，但他们并不打算去追回这笔钱；其三，如果他们向雅典人索要赔偿，雅典人也会欣然同意；其四，地米斯托克利面对的问题也相当棘手，他必须要在危难关头克服同僚的反对，但并没有任何迹象表明他试图再次贿赂他们。

希腊海军奔赴战场

得知波斯的计划，舰队高层进行了激烈的争论，最终决定趁夜色沿海峡南下与敌迂回舰队作战。但随着时间的流逝，他们发现波斯主力舰队并没有大动作，因此他们决定趁实力相近先行攻击敌主力舰队，从而对比双方实力。见希腊舰队竟率先向自己发起进攻，波斯人（和马拉松战役时的表现如出一辙）大惊失色，以为希腊人疯了，他们随即用更多更快的船只包围了希腊舰队，这让波斯军队中的爱奥尼亚人惊恐万分，认为自己的欧洲同族即将成为波斯人的刀下亡魂。希腊舰队不慌不忙，将船队排列成半圆，船尾朝内，船头接敌，双方爆发了激烈的争斗，希腊舰船擅长用撞角作战，因而小胜波斯，缴获了三十艘波斯战舰，还有一艘被抛下的利姆诺斯岛的战舰，这表明了爱奥尼亚人对自己欧洲同胞的态度[1]。

在这一天的夜里，海面上电闪雷鸣，下起了倾盆大雨，汹涌的海浪把那些沉船和士兵尸体都冲到了波斯人泊船的海面上，雷云翻涌，海洋的怒火全部宣泄在了进行迂回作战的波斯舰队身上，几乎所有舰船都被海浪推向岩石撞个粉碎。希罗多德评述道：在神明的帮助下，双方的力量再度持平。早晨，阿佩泰的侵略者们并没有等到他们梦寐以求的场景，但希腊人则为波斯人的毁灭而欢欣鼓舞，他们还得到了五十三艘雅典舰船的增员，士气大盛，希腊人踌躇满志，打算俘虏剩余的波斯舰队再凯旋，而波斯指挥官们则畏惧波斯王的怒火，双方不约而同决定殊死一战。这场战争十分惨烈，波斯舰队以新月形出征，

被风暴摧毁的波斯舰队

[1]　利姆诺斯岛是爱奥尼亚人的主要聚居地。——编者注

试图通过数量包围歼灭希腊舰队，但他们失败了，不是因为波斯人不够勇敢，而是数量庞大的笨重的船只成为他们的阿喀琉斯之踵。希腊人成为胜利者，但斯巴达领导的陆上战争失败让他们的后方空虚，迫使他们选择撤退。也许大家会觉得尤卑亚人的钱应该能发挥作用，但根据传闻来看地米斯托克利当时并没有再拿钱贿赂其他人。前去探察敌军情况的人也带回了一个不好的消息，列奥尼达一世战死，通往南希腊的大门已经向薛西斯一世敞开。如今希腊人已无力回天，只能着手准备撤退事宜，最终他们决定让科林斯人领头，雅典人断后。

雅典人的勇气在他们主动断后的行动中体现得淋漓尽致，这种勇气上升到爱国的献身精神，为希罗多德所赞颂。与此同时，希腊盟友的斗争却逐渐消退。他们本认为波斯舰队无法航行到阿尔戈利斯（Argolis）[1] 和拉科尼亚海域，因此只要死守科林斯地峡，便不用再分心去驻守其他地区。地米斯托克利知道以后很是生气，坚决反对这个计划。我们没有看到地米斯托克利再次用尤卑亚人的钱进行贿赂的相关记载，但他确实争取了盟友的让步，坚守萨拉米斯，直至雅典人从阿提卡撤出。希腊海军驻防萨拉米斯，伯罗奔尼撒人则夜以继日地加固着科林斯地峡的防御工程，数不尽的石头、砖块、木头、沙袋被运到了这里，他们用最快的速度把城墙加固到了理想高度。不过这并没有让他们重拾信心。事实上，这正是希腊人的至暗时刻，薛西斯一世的征服事业似乎即将圆满成功。但塞莫皮莱的战事向我们阐明一个事实：波斯人似乎并不是战无不胜的，而希腊军队仍有一战之力。

所谓的卡尼亚节和举办奥运会也许只是为了掩盖失败所找的冠冕堂皇的借口。对于一般的希腊人来说，这场战斗的光荣在于希腊人以

[1] 伯罗奔尼撒半岛东部，现为希腊伯罗奔尼撒大区的一个州。——编者注

寡击众几乎成功；对我们来说，如果波斯军队的实力不在于他的人数，而在于波斯士兵的力量和精神，那么这一战的含金量便会大大增加。把薛西斯一世军队的壮大说成是像滚雪球那样越滚越大的说法，明显是东方国家肤浅的夸张，爱慕虚荣的希腊人却将其当作是自己吹嘘的资本了。毋庸置疑的是，波斯大军的实力强横是因为他们有着精神奕奕、英勇无敌的精兵良将，他们在过去的两千五百年里也决不向命运低头，帮助居鲁士二世克服了艰难险阻，取得了成功。我们也必须看到，希腊人通常逊色于他的对手，除了波斯人，他们为建立一个专制独裁的大帝国而战，而希腊人则是为了建立平等的宪政制度而战，只有理解这些问题的性质，我们才能真正理解这场战争。

若非是东方波斯人天生坚毅不屈，西方人的自由精神会让他们的处境更加危险，不过这不是我们目前要讨论的重点。当从阿尔忒弥斯海岬回来的舰队到达的时候，他们便立即下达命令，让雅典士兵们带着自己的家人尽快离开这里。我们不知道这个命令最终执行得怎样，但毋庸置疑的是，那些即将被占领地区的居民迅速撤离了，其中很多人都跑去了阿尔戈斯半岛的特罗伊真（Troizen），剩下一部分人则去了埃吉那和萨拉米斯。

而与此同时，薛西斯一世几乎扫平了阿提卡北部所有的抵抗势力，除了铁斯匹亚人和普拉提亚人之外的所有彼奥提亚城市都已经向他投降。塞萨利人则一直对薛西斯一世的事业抱有极大热情，希罗多德将之归结于其与南部邻居福基斯人的旧怨。他们带着波斯大军穿过多利安人所居住的狭长地带，顺势对福基斯发起攻击，摧毁了福基斯，洗劫了这里的所有财宝。波斯大军兵分两路，大部队通过彼奥提亚前去和薛西斯一世会合，偏师则准备攻占德尔斐。波斯人的逼近让德尔斐人惊慌失措，他们赶紧向神灵请示，是把那些宝物带走还是就地埋藏。

“不用管那些财宝，”神谕指示，“神明自有办法保护。”于是德尔斐人只顾自己慌忙逃跑，只剩六十个人同先知阿克拉托斯留下看守神庙。波斯人进入神殿，曾经庄严陈列的武器被摆放在神殿前，波斯人本想伸手触摸，突然间电闪雷鸣，闪电击碎了帕纳索斯山上的岩石，砸死了许多波斯人；同时雅典娜神庙中竟传来鼎沸的哭嚎声，波斯人慌乱间逃出神殿，却不想被埋伏在山上的德尔斐人逮个正着，他们沿山而下杀声震天，狼狈撤退了。希罗多德断言此事为真，他亲眼看见高山上滚落下来的石头砸到雅典娜神庙中。

根据希罗多德的观点，攻打德尔斐标志着薛西斯一世入侵事业的转折点，这是他对神威最大的挑战，这似乎预示着他和玛尔多纽斯的军队即将遭受毁灭。但玛尔多纽斯本人否认了曾试图毁灭德尔斐神殿，而希腊历史学家普鲁塔克（Plutarch）[1] 则认为德尔斐神殿遭受了波斯人的毁灭。希罗多德曾经亲眼见到在德尔斐的宝物里，有写着巨吉斯和克洛伊索斯名字的礼物，但对于这些说法，他都选择了漠视。薛西斯一世的遭遇将在有关布伦努斯 [2] 的故事中得到重复，二者的同一性似乎表明了人类对宗教感情的抒发。

薛西斯一世离开了彼奥提亚，继续按照他所想象的、可以成功的路线前行。从他带兵横渡达达尼尔海峡到现在已经过了四个月，当他来到阿提卡时，放眼望去都是凄清、荒凉之景，城内了无生气，只留

[1] 罗马帝国时期的希腊作家、哲学家、历史学家，以《希腊罗马名人传》闻名后世。他的作品在文艺复兴时期大受欢迎，莎士比亚不少剧作都取材于他的记载。——编者注

[2] 高卢赛农部落酋长，于公元前 390 年率军洗劫罗马城，而后被罗马人击退至马其顿，其人重伤身亡，他的命运与薛西斯一世颇为相似。——编者注

下了一些贫农和守护神殿的士兵。他们根据神谕所示，在神殿的另一侧安好了木头围栏，只留下了一处对外敞开，方便他们自己发起攻击。

普鲁塔克

庇西特拉图家族终于再度回到自己的家乡，重建统治的美梦似乎就要成为现实，但他们的要求却被卫城的居民们轻蔑地拒绝了。波斯人面对坚固的防御工事只能徒劳地射几发火箭，再次品尝到挫败的薛西斯一世怒火中烧，好在波斯士兵发现了北部岩壁上的裂痕，他们由此得以爬上山顶。面对强敌，希腊守军要么跳崖，要么就躲进了神殿，波斯人便追着他们进了神殿，不顾众人的苦苦哀求，直接挥刀屠杀。

薛西斯一世终于控制了雅典，他立刻让一名骑兵把这个消息带回苏萨。消息传到之后，皇城街道上响起了不息的欢呼声，欢庆用的桃金娘树枝撒得满地都是。阿尔塔巴努斯的恐惧并未被证实，无论是他还是贵族们，都可以耐心等待着阿托莎期盼已久的希腊女奴到来了。

为了报复萨狄斯神殿之仇，薛西斯一世下令烧毁了雅典卫城的神殿，并让他所接收的雅典流亡者与雅典人讲和。自从卫城被占领，两天过去了，朝拜者们来献祭时，竟发现早被烧焦的神圣橄榄树竟长出了嫩枝。庇西特拉图家族的人认为这是雅典欢迎他们回家的奇迹，而雅典人则从中吸取了希望的力量。

希腊舰队驻守在萨拉米斯，与其说他们把这里建成了一个海军基地，不如说是为了掩护居民撤退。雅典沦陷的消息迫使联军决定撤退到科林斯地峡附近，在这里，一旦海战失败，他们还有陆军可以依靠。唯有地米斯托克利察觉到这样做会让希腊陷入绝境之中。曾经为了保险起见，希腊选择了向西边和南边撤退，但塞萨利、彼奥提亚和阿提卡相继沦陷。

雅典人能保证什么呢？驻守在科林斯地峡能团结军队，制定出更有效的作战计划吗？地米斯托克利认为抛弃萨拉米斯就不会再有行动的机会，决定不论用什么手段，都要阻止这次撤退。他说服尤利比亚德再度召开同盟会议，没等辩论开始便急匆匆发表演讲，科林斯将军阿德曼托斯则尖刻地提醒他，抢跑者是会被取消资格的。地米斯托克利回答道："你说得对，不过等信号发出之后还不起跑的话，那注定会是输家。"随后他转向尤利比亚德，警告他说，如果在科林斯地峡附近驻扎，那他们将不得不在开阔水域作战，波斯的庞大舰队将很轻易地展开战线，希腊舰队将处于绝对劣势；而在萨拉米斯湾封闭狭窄的水域作战则可能取胜。无礼的阿德曼托斯再次打断了他的发言，他言辞粗鲁地讥讽地米斯托克利，他的故国已经沦陷，因此他在会议中没有投票权，尤利比亚德也不应该听取他的意见。

这次演讲最特别之处在于其发起人居然是一个收受贿赂之人。令人不解的是，地米斯托克利身上明明就有尤卑亚人向他行贿的二十多个塔兰特，他为何不在大会之前先收买了阿德曼托斯，并且告诉他，雅典人掌控着两百艘战舰，他们的舰队就是他们的城邦呢？地米斯托克利直截了当地警告尤利比亚德，如果联军放弃萨拉米斯，那雅典船队将脱离作战序列，把雅典难民们载到西西里岛重建家园，再不管希腊世界的死活。尤利比亚德立即意识到，如果没有雅典人的海上支持，伯罗奔尼撒将彻底陷入敌手，于是下令舰队留在萨拉米斯。

萨拉米斯岛

形式上的服从并不能消除联军心中的恐惧，第二天，波斯海陆军队的行进让大地都为之颤抖，联军间的窃窃私语终于爆发为一场哗变，他们要求总司令立刻下令撤退。地米斯托克利心灰意冷地离开了，他派自己的奴隶西辛努斯[1]乘船到波斯舰队觐见薛西斯一世，命他传达自己的口信，他对希腊人完全不抱期望，他代表雅典人热切地希望波斯人抓住联军即将逃跑的窗口期，一击破之，征服整个希腊。

波斯收到消息后，立刻派大部队登陆普斯塔利亚岛（Psyttalia）[2]，这里在比雷埃夫斯（Piraeus）[3]港口西侧，方便俘虏船只并截杀可

[1]　此人是波斯人。——编者注

[2]　普斯塔利亚岛位于萨罗尼科斯湾，岛上并无居民。——译者注

[3]　公元前5世纪建立，临萨罗尼科斯湾，是古希腊重要的港口城市，现为希腊重要港口和海军基地，是首都雅典的外港。——编者注

能逃至此处的希腊人。临近午夜，他们的一部分舰队开始沿阿提卡海岸移动，浩荡的船队封锁了希腊海军向西南撤退至地峡海域的必经之路，如果强行突围必定损失惨重。希腊军队指挥层激烈争论了一晚，终于决定召回地米斯托克利，他发现自己曾经的对手阿里斯蒂德正等着他，向他说明联军已被断绝后路的形势。地米斯托克利则简明扼要地告诉他这是他自己安排的。而后，一艘曾被波斯俘虏的希腊战舰冲破重围回到希腊阵营，再次强调了这一消息的真实性，在此之前，联军高层还对阿里斯蒂德的消息将信将疑。希腊人终于决定破釜沉舟，做好了战斗准备。当黎明来临，地米斯托克利向全体水兵喊话，向他们阐明此战的高尚与荣光，鼓舞他们为保卫家园而战，恳请他们奔赴伟大事业的光辉道路。言毕，他又亲自送水兵们登上甲板。

天蒙蒙亮，薛西斯一世便坐在为他竖起的巨大王座上，他要亲眼见证他的奴隶摧毁希腊人。同时，希腊人派一艘三列战舰前往埃吉那岛向神灵埃阿科斯和他的儿子们[1]请求帮助。在战事开启后，希腊人本因恐惧而不断退却，但这时士兵们却看见了一个女人的幽灵对他们大喊道："英雄们，你们还要退到哪里去？"

双方战事一触即发，雅典人面对的是腓尼基人，后者侧翼向西对着厄琉息斯，爱奥尼亚人则侧翼向东对着比雷埃夫斯，面对着伯罗奔尼撒人。希罗多德毫不避讳地说自己只了解这场海战的大致布局和战况而已，其余的概不知晓。但是他相信希腊人的决定和纪律将会影响这场战争的走向，或许也和波斯水手整夜备战而希腊人则精力充沛地听完动员踏上战场不无关系。需要注意的是，波斯军队在此的表现要

[1] 埃阿科斯，希腊神话中冥界三大判官之一，帕琉斯与忒拉蒙之父，以公正著称。——编者注

比在阿尔忒弥斯海岬的表现更为勇敢，为薛西斯一世作战的爱奥尼亚人也毫不退缩，这似乎表明当年斯巴达和雅典在爱奥尼亚起义中的背叛仍让他们耿耿于怀。另一种说法则认为，腓尼基人指控爱奥尼亚人出工不出力，甚至图谋背叛，但恰巧此时，一艘爱奥尼亚的萨摩斯战舰突然大发神威，接连击沉雅典战舰，让薛西斯一世认可了他们的忠诚。

薛西斯一世对腓尼基人的污蔑非常气愤，下令斩首告状者，但从腓尼基人耿直的性格来看，他们的指控似乎并不是空穴来风。关于这件事，众说纷纭，很多说法之间也是相互矛盾又不能自证，实在是让人疑惑。雅典人的说法是阿德曼托斯这个“英勇无畏的人”[1]在战争刚开始时被他的同胞们吓坏了，于是转身便逃，在逃跑过程中，他们遇到了一艘不知是谁派来的船，船上的人喊道：“阿德曼托斯，你这个无耻的叛徒，你背叛了希腊人，你的同胞们现在正按计划奋勇杀敌。”阿德曼托斯本来不信，那些人便又赌咒发誓：“如果我们说的是假话，我们就立刻投入战阵送死。”。于是，阿德曼托斯掉转方向返回战场，在胜负已分的时候赶到了战场。科林斯人对这种说法持否定态度，他们坚称自己是先锋部队，而其他希腊城邦也证实了他们的说法，换言之，上面的两个故事可能都是假的。

但和马拉松战役一样，无论过程如何，结局是显而易见的，波斯舰队被摧毁，就连薛西斯一世的兄弟也葬身鱼腹，希腊联军大获全胜，波斯人损伤最大的一次就是他们在第一次想逃跑的时候，发生了混乱。这个时候，阿里斯蒂德便趁机带着大批重装步兵登陆普斯塔利亚岛，一举剿灭了这里的波斯人。希腊人将残破的战舰停泊在萨拉米斯海岸，

[1]　阿德曼托斯的名字就是这个意思。——作者注

萨拉米斯海战

时刻准备迎接波斯人的下一波反扑，但他们的担忧并未成为现实。薛西斯一世在清晨登上自己的王座时，深信自己眼中的庞大舰队是战无不胜的。他们的失败让他认为这些人没有任何可用价值。如果如传言一般，战后腓尼基人因畏惧波斯王的雷霆之怒而乘船逃回亚洲，那他确实有足够的理由沮丧。如果没有这些熟悉水性的勇敢水手，那波斯人根本不可能继续进行他们的海上作战计划。薛西斯一世还面临着更为要紧的任务，他要尽快派人守住达达尼尔海峡的跨海大桥。

薛西斯一世摆出一副要与希腊人决一死战的态度，甚至还告诉将士们他要修一条能通过萨拉米斯湾的大桥，但玛尔多纽斯很清楚薛西斯一世已经无心再战。很快，来自前线的战报传到了苏萨的每个城门，庆祝胜利的欢呼转瞬间成了为国王悲伤的哭喊和对玛尔多纽斯的责骂，玛尔多纽斯也恼恨不已，他曾力劝薛西斯一世出兵，而今这种局面，自己必死无疑。如果还想踏上波斯的土地，他只有一个机会，完成征服希腊的任务。一旦薛西斯一世懦弱地选择班师，而他还有足够的手段挽回灾难，那他成功的可能就会大大增加。玛尔多纽斯知道居鲁士二世是靠什么征服亚洲的，他向薛西斯一世发誓，波斯战士的强悍无需言明，这次失败的是腓尼基人、爱奥尼亚人以及埃及人，不是伟大的波斯战士，只要薛西斯一世为他留下三十万士兵，他一定能继续完成征服希腊的伟业。

这对于处于绝望和恐惧之中的薛西斯一世来说简直是雪中送炭，但薛西斯一世把决定权交给了他身边唯一的女将——哈利卡那索斯的统治者阿尔特米西亚一世[1]。她赞同玛尔多纽斯的提议，向薛西斯一世建言，现在的当务之急是保证王安全地回到苏萨，至于玛尔多纽斯和他的士兵，只是一群无用的奴隶，即便死了，也无法动摇国本。不管阿尔特米西亚一世为薛西斯一世想出了怎样的计策，她都没有给出明确的理由。二人都心知肚明，当波斯大军离开后将由玛尔多纽斯继续指挥留在希腊的百战之师，但她这样的形象似乎与其他叙述中的形象有所冲突。

在萨拉米斯海战的作战会议上，她是唯一一位挑战薛西斯一世权威、反对进行海上决战的将领，就像她在战败之后煽动薛西斯一世撤退一样。如果说她支持玛尔多纽斯继续征服的建议是建立在埃及人、帕姆菲利亚人是一群在“英明领导下的蠢材”的基础上的话，那她的话就是赤裸裸的侮辱，这是种不符合实际的诽谤。还有一种说法更是让人迷糊，据说在萨拉米斯海战的时候，一个雅典船长为了得到一万德拉克马的赏金，而拼命追逐阿尔特米西亚一世的战舰，在他眼中，一个女人竟也想征服雅典，这是莫大的侮辱。阿尔特米西亚一世逃命

---

[1]　安纳托利亚地区哈利卡那索斯的统治者，名字来源于希腊神话中的狩猎女神阿尔忒弥斯，继承僭主丈夫的位置随薛西斯一世出征希腊，战败后并未被追责。——编者注

阿尔特米西亚一世

心切，不管不顾地横冲直撞，甚至将一艘友方战舰撞断，这误导了希腊人，以为她是盟友，因而让她顺利逃脱。薛西斯一世观此情景，误以为阿尔特米西亚一世击沉的是希腊战舰，喊道：“我的男子变成了女人，女人倒成了男子！”我们可以得知，那艘倒霉的波斯战舰上的人并没有全部遇难，而阿尔特米西亚一世的行动也会被其他友军记下来，因此我们不能说阿尔特米西亚一世的花招骗过了所有人，或者没有人谴责她。

事实上，从萨拉米斯战败的那一刻起，到薛西斯一世回到萨狄斯的那一刻，一种流行的趋势就开始在故事中泛滥，这些故事都倾向于赞美希腊人，并着重表现波斯王可怜的懦弱，彻底地羞辱了他。事件的总体进程是很清楚的，厘清这类历史事件也不是一项特别困难的任务。希腊人发现波斯舰队打算逃跑后便乘胜追击，可他们追到安德罗斯岛也没有追到波斯舰队，因此他们直接在这里召开了希腊联盟大会，决定不再追赶。据说，地米斯托克利在次日便开始催促希腊舰队去达达尼尔海峡毁掉那里的大桥，让薛西斯一世无处可逃。尤利比亚德觉得将薛西斯一世留在欧洲是一个很蠢的想法，因为这样可能会让处于绝望中的薛西斯一世奋起反抗，让他离开的话至少能确保他不会在欧洲兴风作浪。地米斯托克利只好放弃了自己的想法。

在另一个故事中有这件事的后续记载：地米斯托克利因为计划落空便打算借此给薛西斯一世留下一个好印象，他再一次让西辛努斯去传递口信给薛西斯一世，因为他的极力阻止，希腊人没有去毁掉达达尼尔大桥，而正是这个举动为他悲剧性的结局埋下了伏笔。一朝被蛇咬，十年怕井绳，薛西斯一世曾根据地米斯托克利的一个消息采取了行动，结果大败而归。面对他送来的第二个消息，薛西斯一世肯定会做出相反的解释，因为第一个致命错误的记忆将以一种时间流逝也无法削弱的力量牢牢地铭刻在他的脑海里。我们还必须特别指出，只要玛尔多纽斯还率领大军留在阿提卡的土地上继续肆虐，那么，地米斯托克利是绝不会有切断薛西斯退路的想法的。为了截杀一个可怜的逃犯而分散雅典的兵力、削弱联军的实力，这是一种纯粹的疯狂行为。既然没有人指责地米斯托克利愚蠢，那么他就肯定没有提出这样的计划，因此也就没有尤利比亚德拒绝地米斯托克利这种说法。

几天后，玛尔多纽斯在塞萨利平原挑选出了一支精兵，打算继续征服希腊，不成功便成仁。但是在他送走薛西斯一世前，一个从斯巴达而来的信使让薛西斯一世出庭受审，要求他为谋杀列奥尼达一世赎罪。“赎罪将由玛尔多纽斯来完成。”薛西斯一世指着一旁的将军笑道，玛尔多纽斯就这样被指定为祭品。这位伟大的国王被称为罪犯，从此他将陷入极大的痛苦之中。

有传言称薛西斯一世的军队在通往海峡的路上挣扎了四十五天，无数士兵因为饥寒交迫或是疾病肆虐而客死他乡，一些幸存者靠沿途土地的收成勉强生存，更多的人则只能被迫吃树皮树叶。在穿过达达尼尔海峡来到欧洲的第八个月，薛西斯一世又回到了这里，望着被风暴摧毁的大桥，这位尊贵的亚洲之王只能带着他为数不多的亲卫乘船离开，一些士兵因饥饿太甚而报复性进食，导致自己活活撑死，军队因此再度减员。这就是希罗多德记载的有关薛西斯一世撤回亚洲的惨状，不过需要注意的是，他的史料是从一些被他自己认为是虚假的材料中得来的。比如，传说在薛西斯一世从斯特里蒙河口的埃翁乘船逃向亚洲，途中遇到了暴风雨，船也快被掀翻了，领航员告诉薛西斯一世，若想活命，就只能减轻船的重量。薛西斯一世转向波斯士兵们讲述了这一情况，士兵们没有犹豫，向波斯王敬军礼后立刻跳入海中。船安稳靠岸，薛西斯一世立即赏赐给领航员一顶金冠，以此感谢他的救命之恩，后又因他牺牲了自己手下的命而将其斩首。

希罗多德觉得这个故事没有可信度，以薛西斯一世的性格，他一定会把腓尼基人丢到海里保住波斯人，简言之，他不认可薛西斯一世在埃翁登船逃难的故事；如果他听过埃斯库罗斯的戏剧，他也不会接受其中神话般的描述。在埃斯库罗斯的戏剧里，波斯人撤退时恰逢一阵罕见的寒流，令斯特里蒙河提早结冰，大军得以踏过冰面渡河，然而寒流过去太阳出现，波斯人脚下的坚冰立即融化，成千上万的士兵跌入河中。按斯特里蒙河的地理环境和气候条件来看，根本不可能一夜之间结成能承受大军重量的冰面，并且该故事基于一个前提——波斯人身后有紧追不舍的追兵，迫使他们一刻不停地逃命；然而这纯属子虚乌有，更何况波斯人还有经营多年的军事要塞埃翁为后盾。这些叙述或多或少沾染了当时时代的特质，因此希罗多德对其不够信任，我们也需要看看希罗多德自己的故事是否可信。

薛西斯一世制定入侵计划时他所做的准备不仅是为了让他的大批人马进军，也是为了让他们在希腊奴隶的簇拥下回国。他们不仅在仓库里堆满了粮食，而且在远征的一路上还会让当地百姓上缴粮食等军需。但薛西斯一世在撤退时没有带走希腊俘虏，并且让玛尔多纽斯带领三十万大军断后。因此，薛西斯一世撤退路途中的补给压力就更小了。在许多记述中，薛西斯一世的军队被描绘为靠掠夺勉强维生，或因饥饿、疾病死亡；然而在这里，没人因为他们的暴行反抗他们，薛西斯一世可以放心把他的病人托付给仁慈的人民。

阿尔塔巴宗斯的行动路线更加关键，他的六万精兵一直护送薛西斯一世到达达尼尔海峡。在送走薛西斯一世后，他又在缺少帮助的情况下从敌人的数次进攻中坚守住了阵地，出色地完成了防守任务。他们没有靠野草树根艰难度日，等死，而是坚守阵地静候春天到来，等玛尔多纽斯把他的军队调到彼奥提亚。但无论如何，薛西斯一世的逃亡之旅都不能称得上是一帆风顺，萨拉米斯大捷和波斯船队撤退的消息传遍了希腊，因此，曾屈身于波斯的希腊城邦们在薛西斯一世离开后纷纷造反。

阿尔塔巴宗斯决心惩罚这些反复无常的小人，他先攻破奥林索斯，进而封锁了彼奥提亚。尽管出了些意外让军队遭受了些损失，但并没有破坏他的军队的战斗效率。简言之，跟随薛西斯一世撤回亚洲的士兵们并不像阿拉伯商队穿越沙漠那般缺衣少食。

整个冬天，希腊人都通过自愿或强迫其他城邦捐款来募集资金。

地米斯托克利要求安德罗斯岛的人们必须出钱，因为雅典人是在需求和信仰[1]这两大神明的指引下来到这里的。安德罗斯人拒绝了，理由是安德罗斯岛也有两大神明——贫困和无助，以雅典的能力只怕是战胜不了它们的。雅典随即将安德罗斯岛包围，但以失败告终，可见安德罗斯人所言非虚。

地米斯托克利并没有放弃封锁行动，为了能够得到更多的资金，他强迫其他岛上的岛民们交税，并且没有把这件事情告诉其他首领，募捐回来的钱一大半都落到了他的口袋中。不过，即使地米斯托克利和他的手下不会把这件事说出去，但他们堵不住悠悠众口。雅典与其盟友本就在联盟中不受欢迎，自然也不会对地米斯托克利以权谋私、贪污捐款的行为坐视不管。

艰苦的一年终于过去了，在新年之际，希腊会祭拜神灵，感谢他们的保佑，同时也会嘉奖在联盟中表现突出的城市和个人。他们在萨拉米斯城、苏尼翁和科林斯地峡分别献祭了一艘波斯战舰。为了纪念希腊人第一次对波斯人作战的胜利，他们在德尔斐建立起一座雕像，高有 12 腕尺[2]，手上握着一艘波斯军舰的舰艄。至于论功行赏、排列个人功绩的名单，由各位将军在科林斯地峡的会议中表决得出，他们都声称自己才是战争的首席功臣，而且其中的绝大多数人都把第二名的位置给了地米斯托克利。这样的行为剥夺了这位雅典将军应有的地位，而斯巴达人则丝毫不受这种虚荣心的困扰，他们将前所未有的

[1] 希腊人喜欢将抽象的概念赋予神格，此处的“信仰”指的是希腊神话中的说服女神珀伊托（Peitho），代表说服和信仰的力量。——编者注

[2] 以前所用的一个长度单位，1 腕尺约等于 46.38 厘米，这是根据人的前臂也就是中指指尖到胳膊肘的长度计算的。——译者注

伟大荣誉给予了地米斯托克利。身为希腊联军首领的尤利比亚德得到了一顶银冠作为奖励，地米斯托克利也得到了相同的奖励，因为他在战争中表现出了过人的机智。斯巴达人给予了地米斯托克利极高的荣誉，用斯巴达最漂亮的战车载着他离开，并派三百名精挑细选的斯巴达勇士护送他安全抵达泰耶阿边界。

第八章

战争尾声：雅典同盟

玛尔多纽斯对薛西斯一世许下的承诺最终以悲惨的失败告终。如果希腊人能团结起来进行坚决的抵抗，那玛尔多纽斯不会有丝毫取胜的机会。至少雅典和斯巴达意识到他们需要协同一致采取有力行动来对抗波斯人。下面的叙述中，我们能清楚地看到玛尔多纽斯为扫平障碍而做的诸多努力，他清楚地意识到如果雅典人掌握决定权，那两军的决战将会在阿尔忒弥斯海岬展开，雅典才是他成功路上最大的绊脚石。

玛尔多纽斯的信念促使他迈出了这一步，自希庇亚斯离开西吉昂后经历的所有事件，促使他必须做出痛苦的自我牺牲。诚然，报复雅典的欲望是促使薛西斯一世入侵欧洲的最强大动机之一，但现在不是听命于盲目的激情的时候。玛尔多纽斯派马其顿王子亚历山德罗斯传信给雅典人，只要雅典人屈膝投降，波斯王将赦免他们的罪，不仅如此，还会给予他们任何想要的领土，帮助他们重建神庙。

波斯人的突然转变让斯巴达人开始警惕起来，曾有预言称米底亚人与雅典人的联军将把多利安人赶出伯罗奔尼撒半岛。这样的传言让斯巴达人心神不安，他们匆忙派出使节向雅典人保证，只要双方继续对抗波斯，斯巴达就绝不会背弃联盟。

随后，斯巴达人的恐惧被一则消息扫清了：马其顿王子向玛尔多纽斯复命，称只要太阳还挂在空中，雅典人就绝不同薛西斯一世媾和。与此同时，斯巴达人也因其对雅典人思想的不了解而受到责怪，他们说："不是什么金子都能诱使我们站在米底亚人一边奴役我们的同胞，即使我们愿意，我们也不能这样做。整个希腊民族都和我们流着同样的血，说着同样的语言，祭祀着同样的神明，有着同样的生活方式，这都是我们雅典人无法割舍、无可背叛的。我们感谢您的善意，但我们仍会全力奋斗下去，不会给你们增添负担。我们只求您尽快派遣军队，因为玛尔多纽斯一旦知道我们不愿与之媾和，势必会派兵进攻，我们应在他们越过我们的边界前阻止他。"雅典人的坚定刺激了伯罗奔尼撒人的热情，他们重新动工加固地峡的防御工事。但随着计划的完成，斯巴达人往日的懒散与冷淡又回来了。时任斯巴达国王克莱奥姆波洛图斯（Cleombrotus）本想带兵支援雅典，却被日食惊吓到，急忙退军，不久便驾崩了。他死后，其子帕萨尼亚斯（Pausanias）[1]即位，同时担任列奥尼达一世的小儿子的监护人。

相较于薛西斯一世遇到的失败，玛尔多纽斯的希望更大，他率领着一支百战之师，希腊仆从们也对他的事业满怀热情。他充满智慧，目标坚定，他决心赢得雅典人的支持，就像薛西斯一世决心惩罚雅典人一样。如果雅典人看到自己的家园可能会再次被入侵，那双方绝对

---

[1]　斯巴达国王，著名军事将领，领导希腊人取得了普拉提亚战役的决定性胜利，基本铲除了希腊境内的残余波斯势力。随后他率领舰队相继收复塞浦路斯大部及拜占庭，其声望进一步得到提高。后因野心膨胀与薛西斯一世串联，被愤怒的斯巴达民众围困在神庙内活活饿死。——编者注

帕萨尼亚斯

不会化敌为友，但如果玛尔多纽斯对其城市进行保护则可以体现他的诚意。为了实现自己的目标，玛尔多纽斯越过了阿提卡的边界，迫使雅典人再次撤离至萨拉米斯。在薛西斯一世占领雅典卫城的十个月后，玛尔多纽斯再次进入了这座百废待兴的城市，他派去的使节被雅典人赶走，一个提议听取波斯人条件再做决定的元老则被愤怒的雅典人民用石头砸死，连其家人也未能幸免。

而另一个版本的故事不但改了这名议员的名字，还将故事时间改成了地米斯托克利第一次催促雅典人向萨拉米斯转移的时候。随后的事件也可证明此事纯属子虚乌有，雅典人几乎立刻去信告知斯巴达人，他们必须得到援助，否则雅典只能采取其他手段渡过难关。实际上，雅典人、普拉提亚人、麦加拉人从未说过什么“只要太阳还在就不会与波斯同流合污”这样的豪言壮语。相反，他们小心谨慎地说，自己希望希腊能保持和平，如果可以，他们不会与波斯人发生任何冲突。

一据记载，雅典人的求助被斯巴达人置若罔闻，他们再次以节庆为由按兵不动。他们曾数次向雅典人承诺联手抗敌，就是为了拖延时间等科林斯地峡的城墙竣工，如今城墙高高矗立，他们便可以高枕无忧，不再理会雅典人了。直到第十天，泰耶阿的奇利厄斯出言提醒，如果雅典人走投无路投降了波斯人，那凭借二者的海陆配合，即使有城墙也撑不了多久。斯巴达人之前好像真的没有想到这一层，于是他们当晚便派帕萨尼亚斯率领五千名重装步兵出征，如果算上每个士兵配备的七个黑劳士，这支军队的人数可以达到四万之众。

第二天，雅典的信使们认为求援斯巴达无望，应早做打算同波斯人接触，却听到监察官们说："他们走了，已经到了奥雷西翁，正准备迎接那些陌生人。""谁走了？什么陌生人？"雅典信使们彷徨不解道。"我们的军队，每人配备七名奴隶，总共四万人，陌生人是指波斯人。"使者万分惊讶，匆匆跟着五千名精挑细选的半自由民重装步兵离开了。

关于这个故事的传说有些复杂，不过，我们还是能从其中了解到事实的真相，希罗多德解释了这个故事中的一些不合理之处。阿尔戈斯人曾对玛尔多纽斯承诺，如有必要，他们会动用武力阻止斯巴达军队离开伯罗奔尼撒半岛。玛尔多纽斯深知，雅典人的态度至关重要，只要他们孤立无援或是直接倒向自己，那他的征服事业就基本完成了。如果许以利诱，承诺波斯将保护雅典，那问题便迎刃而解，但如果必须开战，那阿提卡就会掀起腥风血雨。所以目前来看，孤立雅典迫使其屈膝投降是最好的选择，而阿尔戈斯人的承诺让玛尔多纽斯深信这一计划能够成功。斯巴达的监察官们在了解了阿尔戈斯人和波斯人的约定后，便对他们可能制定的任何军事计划都讳莫如深。由于这种保密性，他们的计划得逞了。不过阿尔戈斯人还是告诉了雅典方面的波斯人一个信息，他们没能阻止斯巴达人的离开。

玛尔多纽斯知道自己的计划全部泡汤了，他的手下们也立刻放弃了守护雅典的承诺，直接在雅典城内四处纵火，之前没有被波斯人所毁掉的城墙和建筑在这场大火中都无一幸免。可是在这样一个不适合骑兵打仗的地方，玛尔多纽斯根本不敢赌，而且一旦失败，他将不得不带领大军从狭窄而危险的隘口离开。因此他立刻下令让全军撤退，他们首先进入了麦加拉人的领土，这里是波斯军队抵达的最西部，不久，他发现自己抵达了底比斯，他不得不对他热情的朋友们做些恶作剧——如果他失败了，他们的一切善意对他来说都是可怜的补偿。只有把周围的树全部砍光，构筑起防御工事才能获得必要的保障。在基塞隆山的北坡下，他的军队在一个十英尺见方的营地驻扎下来，坚固的城寨足以抵抗敌人的一切攻击。

在关键时刻，希罗多德插入了一个广为流传的悲惨故事：众神用盲目和轻率遮蔽了玛尔多纽斯的眼睛，而旁观者则早已预见到即将到来的毁灭。我们应该特别留意这个故事，因为希罗多德坚称他是从一个名为瑟桑德罗斯的人口中听说的，此人参加了阿塔吉诺斯（Attaginus）[1] 为了款待波斯将军们而举办的盛宴。宴会中人们载歌载舞，很是快乐，坐在瑟桑德罗斯旁边的波斯人却坚信，这些客人与外面驻守的士兵很少有人能在未来的战斗中幸存。看着这个波斯人的满脸悲伤，瑟桑德罗斯觉得应该尽快让玛尔多纽斯知道这件事，但是这个信奉伊斯兰教[2] 的、可怜的波斯人却说这件事注定要发生，谁都改变不了它。他还说道："在人类所承受的诸多苦难中，最痛苦的

[1] 底比斯贵族，亲波斯立场，在希罗多德的记载中他邀请五十名波斯名士参加宴会，并让每一个波斯人和每一个底比斯人共坐在一张长凳上，以示双方亲近。——编者注

[2] 原文此处为"Mussulman"，可能是作者的化用，用以凸显这个波斯人对命运的虔诚。——编者注

就是明知道灾难就要降临却不能阻止。”对玛尔多纽斯而言，这样悲伤的故事实在没有什么作用，用这样模棱两可的方式影响一支物资充盈、实力强大的军队的军心，几乎是不可饶恕的罪过。倘若这位杞人忧天的波斯人有充足的理由向长官阐明即将发生的危险，他一定会仔细听取其意见，但显然，玛尔多纽斯并没有得到报告，也无法对此做出判断，即使他了解到这种忧虑，他也只能对此无视，他不能让眼泪和没来由的预兆影响自己。

斯巴达人和他们的伯罗奔尼撒盟友，与从萨拉米斯渡海而来的雅典人在厄琉息斯汇合，而后向基塞隆山北坡进军，并未引起在阿索普斯河畔驻守的波斯人的惊慌或激动。除了福西亚人，波斯队伍军容严整，士气正盛。但随着希腊援军不断抵达，实力不断壮大，威胁也越来越大；玛尔多纽斯认为，必须速战速决，趁敌我力量均衡时一举将其赶出有利位置。

他刚发出指令，波斯骑兵们便在马西斯提奥斯的带领下行动了起来，马西斯提奥斯可是出了名的勇猛将军。麦加拉人抵挡不住，只能赶紧向帕萨尼亚斯送去求救信号，如果没有支援，此战必败。可是就算波斯人一直在马背上破口大骂羞辱希腊人，说他们是女人，斯巴达人也纹丝不动。雅典人派出了三千援军助阵麦加拉人，形势为之逆转，激战中，马西斯提奥斯的战马中箭倒地，他本人也被随即赶来的希腊士兵一矛刺死。见敌人来势汹汹，波斯骑兵慌忙后撤，甚至都不知道主帅已经死于军中。硝烟弥散，雅典人旗开得胜，马车拉着马西斯提奥斯的尸身与希腊人的队伍一同行进，供无数希腊战士瞻仰[1]。

---

[1]　希罗多德的原话颇为有趣，他形容马西斯提奥斯“相貌英俊，身形魁梧，还是值得一看的”。——编者注

马西斯提奥斯死于乱军之中

希腊联军从埃利色雷（Erythrai）[1]启程，进军彼奥提亚，这里位置更好，水源充足，便于扎营。他们的道路经过海西埃[2]到达了一片平原，这里从加尔加菲亚泉一直延伸到英雄安德罗柯瑞茨的神殿，平原中心还有低矮的山丘。双方逐渐靠近，但双方的先知都不约而同地做出了“挑衅者将遭受厄运”的预言而不敢妄动。玛尔多纽斯只能

[1] 位于现代土耳其的伊兹密尔省。在古希腊时期是一个重要的海上贸易中心，尤其以其葡萄酒而闻名；在历史上，埃利色雷曾是爱奥尼亚同盟的成员之一，与以弗所、米利都等城市齐名。原文如此，疑似此处有误，因此时希腊联军仍在希腊本土作战。——编者注

[2] 海西埃位于阿尔戈斯西南部。阿尔戈斯人和斯巴达人在这里经历了两次战争，而第二次战争毁掉了这里。——译者注

令骑兵绕后切断希腊人的水源，并成功在橡树隘口截住希腊运输队，缴获了五百头牲畜的粮草。

玛尔多纽斯终于觉得疲惫不堪，为了避免让自己的属下因神罚而担惊受怕，他特地召集所有将领，询问他们是否听说过“波斯人将在希腊境内灭亡”的此类谣言。大家都陷入了一片沉默之中，玛尔多纽斯便继续说道：“你们没听说过，或是不敢说。那就让我来说吧，神谕说来到希腊境内的波斯人会将德尔斐神殿洗劫一空，然后在此灭亡。可是我们并没有冲撞神殿中的神灵，也没有洗劫神殿，所以我们根本不会死在这里。因此，乐见波斯人好运的人都可以放宽心了，就神谕而言，我们会是征服者。我们明天开始战斗吧！”据希罗多德所言，玛尔多纽斯说完这番话就自己动手杀了牲畜做祭祀品，并且相信只要这些畜生在被宰杀的过程中发出了叫声，之前的征兆便是假的。

希罗多德在讲述这些故事时加入了一些生动的情景。第一个情景是马其顿的亚历山德罗斯趁夜深人静骑着马来到了雅典人的前哨岗，与雅典将军们密谈，告知他们玛尔多纽斯的决定，并且自报了家门，但这其实无关紧要，至少阿里斯蒂德还记得他不久前以马尔多纽斯的使者的身份恳请他们向薛西斯屈服，就像现在他恳求他们坚持下去一样。亚历山德罗斯释放的善意似乎并不是十分要紧的，十天来，希腊人一直密切注视敌方动向，一有风吹草动便立刻进入作战状态。

第二个场景，斯巴达将军们包括总司令帕萨尼亚斯要求与雅典军队交换位置，因为雅典人已在马拉松与波斯人战斗过，而斯巴达人对波斯人的战法一无所知。玛尔多纽斯知道后，他也将计就计调换了军队的部署，使得斯巴达人只能掉转方向回到右翼作战。这件事显然是后人捏造出来的：斯巴达人在阿尔忒弥斯海岬、萨拉米斯海湾、塞莫皮莱隘口三次与波斯人血战，列奥尼达一世和他的三百勇士更是逼得

亚历山德罗斯深夜来访

万王之王三次跳下王座。

这个故事显然是为了美化雅典，通过斯巴达人帕萨尼亚斯之口承认雅典人更擅长同波斯人作战，这显然更令人信服；同时，如果故事改变了原本的作战部署，那势必会引起斯巴达人的抗议。就目前情况来讲，很少有斯巴达人听说过这个故事，在斯巴达人看来，只要没触碰到“斯巴达人驻守右翼”这一事实就好。第二天一早，玛尔多纽斯就会发起进攻，因此，交换阵地的故事必须发生在黎明以前，同时也必须有一个送信人汇报消息，因此他们只能再编造一个亚历山德罗斯深夜来访的故事。

第十二天，波斯与希腊在普拉提亚展开了战斗。作战前一天，可能是希腊人缺少骑兵的缘故，他们受到了波斯骑兵的猛烈进攻；现在局势已经明朗，希腊人必须调整到适合作战的位置去。希腊人前方的阿索波斯河一直处于波斯的射程范围，导致他们不得不从相距普拉提亚约两英里的加尔加菲亚泉获得补给，但波斯骑兵早就绕后将此地水井填埋了。希腊人只得另寻他法，源自基塞隆山的奥罗伊河经过加尔加菲亚与普拉提亚平原之间时分流，形成了一片前后都充满水源的空地。这里水源充足，前后的河流还能保护希腊军队免受波斯骑兵袭扰。联军总司令立刻下令，打算当晚就转移到这里。但是或许是因为政令混乱或恐惧，联军中的伯罗奔尼撒人没有依照军令转移到这里，而是退回了普拉提亚，使得斯巴达人也只能跟着他们一起行动。而在撤退的过程中，他们遇到了很大的难题，一位名叫阿姆佛雷托斯的斯巴达将领极其反对这个软弱的撤退计划，并且还举起了一块巨石以示威胁。他们一直争执到了大半夜，浪费了不少时间，直到东方破晓时，已经力倦神废的帕萨尼亚斯才发出了撤退的指令。斯巴达人退到了基塞隆山山势较高之处，雅典人则是在平原上行进，阿姆佛雷托斯也只能跟着撤退了。不过希腊人的行动被波斯人收入眼底，他们立刻派出了骑兵追赶。

众神降在玛尔多纽斯身上的惩罚极重。玛尔多纽斯让拉里萨（Lárisa）[1]的索勒克记下希腊人的懦弱，而他此前一直把希腊人当作勇敢可敬的对手，但他的错判可以被原谅，而阿尔塔巴宗斯竟畏敌如虎，玛尔多纽斯一定会把他怯战的表现报告给薛西斯一世。这样的威胁为阿尔塔巴宗斯所知，也解释了阿尔塔巴努斯未来的行为。玛尔多宗斯不再犹豫，直接带兵横渡阿索波斯河，进攻基塞隆山。他们发现了在山坡上徘徊的斯巴达士兵，玛尔多纽斯来不及下令，直接带着

[1]　拉里萨位于古希腊塞萨利地区，是那里最大的一座城市。——译者注

帕萨尼亚斯战前向诸神献祭祈祷

亲卫乱哄哄地冲向敌阵，似乎把军容严整的斯巴达人当成了逃散的溃兵。帕萨尼亚斯压力陡增，他赶紧派人向低地的雅典人求援，但雅典方面也遭受了波斯人的猛攻，无暇抽身。斯巴达人和泰耶阿人面临着巨大危机，慌乱之中只能自保。波斯军将柳条编成盾牌，组成盾墙保护弓箭手，箭雨遮天蔽日，斯巴达人和泰耶阿人死伤无数。

绝望的帕萨尼亚斯看着赫拉神殿，心里默默祈求着天神能帮助他们渡过难关，而神明好像真的听到了他的祈祷，希腊军的伤亡越来越少，泰耶阿人勇往直前，斯巴达人紧随其后。在经过了一场激烈的厮杀后，他们突破了敌人的盾墙，但波斯人仍誓死反抗，战事惨烈，波斯人攥住希腊人的长矛，折断矛头，但仍然阻挡不住身穿重甲的希腊步兵。纪律松散，轻布裹身的波斯人成批地倒下，就连玛尔多纽斯也死于乱军之中。波斯军也匆忙逃回营寨，然而绝望很快就降临到他们身上。

斯巴达人不善攻城，但幸得雅典人找到突破口。泰耶阿人先登，联军紧随，如潮水般涌进了营寨，波斯人顿时作鸟兽散。希腊军举起了手中的刀，肆意杀戮。传说，此战之后原本有 26 万人的波斯军队只剩下不到 3000 人，而希腊军的伤亡人数不过 150 人。这两边的数据都太过荒谬，在决战之前，希腊军就已经损伤惨重了。无限放大最后一场的胜利，用以炫耀，这本质上和东方人的爱慕虚荣并无二致。

从马拉松战役到现在，希腊人终于完成了自己的事业。在此期间无数希腊英雄脱颖而出，名垂青史。雅典人四处吹捧德克利亚

普拉提亚战役

（Dhekelia）[1] 的索芬斯只用一只铜锚便抓住并打败了敌人。斯巴达人对阿里斯托德莫斯视如敝屣，他因为突来横祸未参加温泉关战役，但他在普拉提亚找回了他的荣耀。大战之后最引人注目的就是斯巴达首领帕萨尼亚斯，曾经有人建议他把玛尔多纽斯的尸体钉到十字架上，以报波斯人当年羞辱列奥尼达一世遗体之仇，但帕萨尼亚斯觉得，这是波斯那种未开化的民族才会做的事情，希腊人不应该这样，更何况在战场上堆满的波斯人尸体足以告慰英灵。

希腊人打赢了这场仗，获得了巨大财富，泰耶阿人把玛尔多纽斯的铜马槽献给了雅典的阿莱亚神殿，其余诸如帐篷、马车、酒杯等眼花缭乱的战利品全部收为国有。黑劳士偷偷扣下了大批戒指、手镯等金银饰品，卖给埃吉那人换取大量钱财。薛西斯一世之前留给玛尔多纽斯的各种家具摆件无疑让帕萨尼亚斯有了一种巨大落差：波斯人和拉科尼亚人不过是隔了一张桌子，前者桌上是山珍海味，后者桌上则是粗茶淡饭。帕萨尼亚斯告诉他的手下们要谨记这个教训，作风奢靡的玛尔多纽斯就是贪心不足，想要来抢走希腊人的食物，所以才落得如此下场，实在是太过愚蠢。

帕萨尼亚斯决定在普拉提亚人的阿古拉[2] 进行祭祀仪式，祭拜宙斯，庆贺希腊大捷。普拉提亚如今已经和彼奥提亚解除了联盟关系，他们要保证自己的领土完整不受侵犯，也决定联合起来，不让任何侵略者踏进普拉提亚。他们还发布了维持军力的法令，并决定在普拉提亚举办年度联盟大会。今时不同往日，希腊人甚至有了摧毁波斯帝国的想法。

---

[1] 位于塞浦路斯岛东南。——编者注

[2] 就是露天的集市。——作者注

玛尔多纽斯会威胁阿尔塔巴宗斯，也许是因为在战争中发生了一些事情。他把阿尔塔巴宗斯手上协理军务的权力全部夺走了，所以阿尔塔巴宗斯便偷偷命令他的士兵们，要大家只听从他的指挥。在波斯和希腊刚开战的时候，阿尔塔巴宗斯便传令让士兵们跟着他一起奔向战场；在他发现玛尔多纽斯无法控制全局后，他就赶紧带着自己的手下逃离了战场，经过福基斯荒野来到了塞萨利。塞萨利的首领们为他举办了一场宴会，并且在会上询问他彼奥提亚的战况如何。阿尔塔巴宗斯不敢告诉他们真相，因为他承受不起可能会发生的结果，于是就骗大家说他是被临时调派去色雷斯的，而且他还说玛尔多纽斯也快过来了，并装模作样地请塞萨利的首领们一定要好好接待他。在去往马其顿和色雷斯的路上，阿尔塔巴宗斯损失了不少手下，不过大部分人还是成功抵达了拜占庭，从这里回到了亚洲。阿尔塔巴宗斯的这次行动让薛西斯一世看到了他的能力，所以后来他成为达斯基利翁（Daskyleion）[1] 的总督。

在战争结束后的第十一天，希腊联军来到了底比斯城门前，要求在战争中保持中立的底比斯人投降并且为他们的行为付出代价。底比斯人拒绝了，联军随即实施战略封锁，并破坏他们的土地。底比斯人在被围困的第九天迫于帕萨尼亚斯的威胁开出了投降条件——斯巴达人放弃底比斯应该给他们的赔偿款。可是这种条件并没有什么用处，因为阿塔吉诺斯早就跑了。不过，帕萨尼亚斯并没有伤害阿塔吉诺斯遗弃在城中的孩子们，只是处死了其他底比斯人。

[1]　达斯基利翁是一个历史悠久的古城，位于土耳其巴勒克西尔（Balkesir）省西部的班德尔马（Bandrma）地区，具有丰富的历史遗迹，是多个文明在安纳托利亚统治时期的见证。——编者注

地米斯托克利希望趁波斯舰队损失惨重的机会快速抵达达达尼尔海峡实行封锁。如果说玛尔多纽斯率领大军还在阿提卡边境时，他还无法表达这种愿望的话，在第二次侵略并烧毁雅典后，波斯将领回到了彼奥提亚，他身后有希腊的追兵，其实力强劲足以抗衡波斯军队，这时候情况就发生了些变化。亚洲的爱奥尼亚人则继续请求希腊同胞们对抗波斯，联军随即派兵增援。斯巴达统帅利奥提希德[1]在萨摩斯接见了爱奥尼亚使者，使者坦言，波斯人如今已是一盘散沙，毫无斗志，绝不是希腊海军的对手，只要能见到他们的西部族亲就是对爱奥尼亚人最大的鼓舞。利奥提希德问使节叫什么名字，这人回答道："大家都称呼我为海基斯特拉托斯[2]。"利奥提希德顿时兴奋了起来，说道："你这名字寓意真不错，我希望你可以跟我保证萨摩斯人将会真心实意和我们来往。"使者很干脆地答应了，希腊的舰队便出发前往萨摩斯，在该岛南端占据了位置。波斯人为求避战，便命全部水手上岸，编入驻守爱奥尼亚的泰格雷尼斯的军队。

波斯舰队开始向离他们只有十英里远的陆地进发。总司令让舵手将船停在了米卡尔山下的海岸边，并且在岸边钉好了木桩，用以固定战舰，让其稳稳地待在防卫石墙后面，同时起到防围困的作用，他踌躇满志，坚信一定可以打败希腊舰队。希腊人看到波斯舰队后撒大喜过望，准备好上岸需要的舷梯和踏板后立刻奔向米卡尔。他们和波斯舰队选择了同一个海岸。利奥提希德让一个声音洪亮的传令官向波斯军中的爱奥尼亚人喊话，请他们在接下来的战斗中勇敢地为自由而战，

[1] 斯巴达军队的统帅，参加过克里昂米尼一世亲自带军进行的第二次埃吉那远征，之后被流放。——译者注

[2] 意为领军者。——译者注

不要助纣为虐。

或许是喊话起了作用，人们纷纷质疑起波斯将军，随着利奥提希德一声令下，萨摩斯人的武装被解除，人也被带走了，同时，利奥提希德还让米利都人守住通往米卡尔山的各通道。波斯人也开始为即将发生的战斗做好准备，他们手拿柳条盾牌躲在了树桩篱笆后面，静候希腊士兵的到来。雅典人沿着靠近海边最平坦的地方前进，斯巴达人则是拼尽全力爬到米卡尔山上。

波斯人依旧很勇敢，就和当初在普拉提亚一样，他们是当之无愧的居鲁士二世所赞颂的战士。可在这两场战争中，他们所面对的敌人是比他们更有秩序、有组织的军队。雅典人是最为拼命的，因为他们想抢在斯巴达人到达前赢得胜利。经过一番激烈的厮杀后，雅典人攻破了波斯人的防护石墙，闯入了他们的阵营，波斯人也不胆怯，一直奋战到底，但还是退到了木桩前。即使如此，他们也还是积极应战，

米卡尔山

直到雅典人凭借着钢铁一般坚毅的意志和严明的军纪突破了波斯的这条防线。一些波斯人开始四处逃窜，但还是有一批人继续坚持作战，拼命阻止雅典人前进。而这个时候斯巴达人已经赶到并且加入了战斗之中，被卸下武装的萨摩斯人倒在了波斯军的尸体上，这大概是因为他们拿了死去的波斯士兵的武器，被希腊军错认为是波斯人了。据说波斯人当时想的是，如果他们这次失败了，那就在米卡尔山上挖一条大沟作为他们的最后归宿。如果敌人占据了他们脚下的土地，而他们又得不到补给，那么他们的处境将是危险或绝望的。可波斯人并没有这样的烦恼，因为他们很相信米利都人，跟着他们的指引下了山，只要看到希腊人就举刀相向，决不手软。米卡尔战役就这样画上了一个惨烈的句号。据说玛尔多纽斯也是在这一天死在了普拉提亚战场上。还有一个传言是在希腊人准备开战时，军中出现了一个谣言——希腊的同族马上就要在彼奥提亚获得胜利。为此，使者们特地跑到海边去查证了一番。

普拉提亚那边一早便开战了，米卡尔这里则是拖到了下午才交手，也就是说那些在彼奥提亚厮杀过的战士在休息片刻后，能立刻从彼奥提亚海岸坐船参加米卡尔战役。这种巧合总是能勾起人们的兴趣，就像西西里的革隆在希迈拉（Himera）[1] 重击迦太基人，薛西斯一世正看着萨拉米斯海湾的波斯大军节节败退。

希腊士兵直接放火烧了波斯战舰，搜刮了波斯人的所有财产，包括他们的随身细软，然后带着一大堆战利品回到萨摩斯。这时候雅典人遇到了一个难题，而这也关系到他们之后的发展方向——亚洲的爱

[1] 西西里城邦，公元前 7 世纪建立，公元前 480 年，此处爆发了希迈拉战役，迦太基惨败。——编者注

希迈拉战役

奥尼亚人又发动了起义，欧洲同族们该如何帮助他们呢？伯罗奔尼撒的各个领袖认为这远远超出了他们的能力范围，但他们仍贡献了一个方案，那就是将爱奥尼亚人全部迁到塞萨利和彼奥提亚之间的地区。雅典人并不同意这种做法，他们觉得不可以抛弃爱奥尼亚人，任由他们被波斯人所欺压。他们也没想到联军竟然会有这种想法，于是直接使用了否决权。

斯巴达人正好以雅典人的反对为借口，从这件事中抽身了。如此一来，便只有雅典人留下来继续守护爱奥尼亚人，帮他们对抗波斯。萨摩斯人、基安人、莱斯博斯岛人和其他岛民也立刻和雅典结盟，并且宣誓会永远对它们保持忠诚之心，这也为之后的雅典海上帝国奠定了基础。

希腊舰队向萨摩斯的东边出发了，他们此行有一个特殊目的——

趁着薛西斯一世还没有到达达达尼尔的时候，毁掉达达尼尔大桥。不过等他们到达目的地的时候才发现，这座大桥已经被暴风雨所摧毁了，他们无功而返。利奥提希德认为现在大局已定，但雅典人并不同意。波斯人当年攻下加里波利（Gallipoli）[1]半岛后，便强迫雅典人把所有金银珠宝都交出来，现在雅典人想将先人们所失去的东西全都拿回来。他们自然知道掌握这条贸易路线有多重要，因为这条路线连接了希腊西部和黑海、多瑙河的产粮地区，可是只要波斯人还把控着塞斯托斯，雅典就无法实现自己的宏图伟业。

雅典人对当地总督阿塔伊科特斯充满了恨意。在薛西斯一世刚进入欧洲的时候，阿塔伊科特斯向他请求赐予普洛忒西拉俄斯[2]的屋子，据他说，这个人是在入侵波斯领土时被杀的。这间屋子是不可侵犯的神殿，而总督却玷污了他。因此，他在留守塞斯托斯时被雅典人围攻了，他虽然没有任何准备，但仍旧据城固守，顽强的抵抗甚至动摇了雅典人的军心，以至于将军不得不下死命令，除非接到雅典方面的撤退命令，否则誓不回国。同时，城内的波斯人也不断饿死，阿塔伊科特斯无奈趁夜率亲卫突围，但中途遇上雅典人的拦截，激战过后被擒。阿塔伊科特斯告诉抓住他的雅典人，他愿意为自己玷污神殿的行为赎罪，向神明贡献一百塔兰特，再追加二百塔兰特作为自己的赎金，不

[1] 位于土耳其达达尼尔海峡欧洲一侧的最南端，以其丰富的历史和战略意义而闻名于世，是多个文明的交汇点。一战时在此处曾爆发了著名的加里波利战役。——编者注

[2] 普洛忒西拉俄斯是希腊神话中重要的英雄人物，他是塞萨利的英雄，曾参与特洛伊战争。他是第一个踏上亚洲土地的希腊人，也是第一个被特洛伊人杀死的希腊人，他的死正式标志特洛伊战争的开始。——编者注

过伊莱奥斯（Elaious）[1]的人只想要他的命。

雅典将军们放弃了阿塔伊科特斯，他被带到了达达尼尔大桥最西边（一说是被带到了麦迪托斯城边的小山上），亲眼看着自己的儿子被乱石砸死，他自己则被钉在几块木板上活活饿死。雅典人带着他们抢来的财宝乘船归乡。为纪念这一次胜利，雅典人从倒塌了的达达尼尔大桥上拿了一根缆绳，将它带回雅典供奉于神殿之中。

但现在还有很多事情没有结束，波斯人也没有被完全赶回亚洲。塞斯托斯恢复了自由，但拜占庭、多瑞斯库斯、斯特里蒙河边的埃翁和爱琴海北岸的诸多地区都还被波斯人把控着。普拉提亚战役结束后，帕萨尼亚斯便成了希腊联盟舰队的首领，他带着二十艘伯罗奔尼撒战舰和三十艘雅典战舰收复了塞浦路斯岛的大半，然后出发去往拜占庭。

帕萨尼亚斯在拜占庭也遇到了激烈的抵抗，一如他在塞浦路斯所经历的，但最终占领了这里。最终斯巴达成为希腊联盟公认的领袖，公平地说，他们并未主动寻求这一地位，而是顺其自然得到的。斯巴达没有像地米斯托克利那样出色的政治家能够洞悉瞬息万变的形势并抓住机会，对他们而言，最大的敌人来自内部——帕萨尼亚斯的背叛让亚洲希腊人和斯巴达渐行渐远，他们清楚地意识到斯巴达并不可靠，雅典才是真正能庇护他们的城市。

雅典人所背负的责任让他们走上了统一希腊的征程，一系列将雅典推向巅峰的大事件应归纳于雅典帝国的历史，随着塞斯托斯和拜占庭的光复，伟大的希波战争彻底落下帷幕。

波斯税官再也无法继续在亚洲的希腊城市中横征暴敛，波斯舰队也不能在爱琴海自由往来了。一些地处偏僻的要塞依旧被波斯人所掌

[1]　雅典的代名词。——编者注

控，但波斯一统欧洲的大愿再也无法实现。雅典人的坚毅勇敢和斯巴达人的纲纪铁律打破了波斯帝国的美梦。野蛮的波斯人妄图征服世界，将人类的智慧与创造力束缚在他们的奴隶制囚牢中，等待他们的也只能是正义之神最严厉的神罚。

名词检索表

A	
亚历山大大帝	Alexander the Great
阿托莎	Atossa
亚历山德罗斯	Alexandros
亚里士多德	Aristotle
阿里斯蒂德	Aristides
埃斯库罗斯	Aeschylus
阿尔特米西亚一世	Artemisia I of Caria
阿德曼托斯	Adeimantos
雅典娜	Athena
阿伽门农	Agamemnon
阿律阿铁斯二世	Alyattes Ⅱ

（续表）

阿斯提阿格斯	Astyages
阿尔忒弥斯	Artemis
阿特弗尼斯	Artaphernes
阿塔吉诺斯	Attaginus
阿里斯塔格拉斯	Aristagoras
阿普里伊	Apries
雅赫摩斯二世	Ahmose II
雅利安	Aryan
阿匹斯	Apis
阿尔戈斯	Argos
阿提卡	Attiki
雅典	Athens
雅利安人	Aryans
爱琴海	the Aegean Sea
安德罗斯岛	Andros
亚加亚	Achaea
阿拉克斯河	Araxe
阿卑多斯	Abydos

（续表）

阿佩泰	Aphetae
雅典卫城	Akropolis
阿尔戈利斯	Argolis
安菲波利斯	Amphipolis
亚述	Assyria
阿契美尼德王朝	Achaemenid
B	
波瑞阿斯	Boreas
布伦努斯	Brennus
贝希斯敦铭文	Bagastana
贝都因人	Beduin
彼奥提亚	Boeotia
拜占庭	Byzantium
巴比伦	Babylon
蒲式耳	Bushel
伯明翰	Birmingham
布里斯托	Bristol

（续表）

布哈拉	Bukhara
贝鲁特	Beirut
巴克特里亚	Bactria
贝里托斯	Beytos
C	
科林斯	Corinth
迦太基	Carthage
塞浦路斯	Cyprus
基亚克萨雷斯	Cyaxares
冈比西斯二世	Cambyses Ⅱ
居鲁士二世	Cyrus Ⅱ
合恩角	Cape Horn
卡里斯托斯	Carystos
卡帕多基亚	Cappadocia
科西嘉岛	Corsica
基西拉岛	Cythera
克里特岛	Crete

（续表）

科孚岛	Corfu
D	
提洛	Delian
迪奥塞斯	Deioces
大流士一世	Darius I the Great
德马拉托斯	Demaratos
达提斯	Datis
达达尼尔海峡	Dardanelles
多瑙河	Danube
德拉克马	Drachma
德克利亚	Dhekelia
德尔斐	Delphi
E	
恩底弥翁	Endymion
尤利比亚德	Eurybiades
伊特鲁里亚氏族	Etruscan
埃克巴塔纳	Ecbatana

（续表）

埃利色雷	Erythrai
埃雷特里亚	Eretria
伊庇鲁斯	Epirus
埃及	Egypt
G	
希腊	Greece
革隆	Gelon
高墨达	Gaumata
加里波利	Gallipoli
H	
希罗多德	Herodotus
希斯塔斯佩斯	Hystaspes
哈米尔卡	Hamilcar
哈利卡那索斯	Halicarnassus
赫拉克勒斯	Hercules
赫楞	Hellen
海达尔尼斯	Hydarnes

（续表）

汉尼拔	Hannibal
哈尔帕哥斯	Harpagus
希庇亚斯	Hippias
希帕克斯	Hipparchus
希洛人	Helot
苏格兰高地人	Highlanders
希迈拉	Himera
赫勒斯滂	Hellespont
哈吕斯河	Halys
I	
伊利里亚人	Illyrian
伊朗	Iran
意大利	Italy
伊比利亚	Iberia
爱奥尼亚	Ionia
巴拿马地峡	Isthmus of Panama

（续表）

J	
耶路撒冷	Jerusalem
K	
卡里亚	Καρία
L	
利库尔戈斯	Lycurgus
利姆诺斯岛	Lemnos
拉科尼亚	Laconia
拉里萨	Lárisa
吕底亚	Lydia
阿蒙神殿	Luxor Amon Temple
列奥尼达一世	Leonidas I
M	
玛尔多纽斯	Mardonius
马其顿	Macedonia

（续表）

米底亚	Media
米提亚德	Miltiades
曼提尼亚	Mantinea
孟斐斯	Memphis
美塞尼亚	Messenia
麦加拉	Megara
大希腊	Magna Græcia
马萨利亚	Massalia
马拉松平原	Marathon Plain
圣山阿索斯	Mount Athos
N	
尼布甲尼撒二世	Nebuchadnezzar Ⅱ
尼米亚	Nemea
诺曼王朝	Norman dynasty
那波帕拉沙尔	Nabopolassar
努比亚	Nubia
尼尼微	Nineveh

（续表）

纳克索斯岛	Naxos Island
尼罗河	Nile River
O	
奥利弗·克伦威尔	Oliver Cromwell
欧塔涅斯	Otanes
亚速海	Oaros
奥林匹亚	Olympia
奥萨山	Ossa
P	
珀尔塞福涅	Persephone
珀尔修斯	Perseus
比雷埃夫斯	Piraeus
斐迪庇第斯	Phidippides
皮托	Pytho
普萨美提克一世	Psammitichos Ⅰ
普萨美提克二世	Psammitichos Ⅱ
庇西特拉图	Peisistratus

（续表）

毕达哥拉斯	Pythagoras
帕萨尼亚斯	Pausanias
柏里安得	Periander
皮西厄斯	Pythias
佩奥尼亚人	Paionians
伯罗奔尼撒半岛	Peloponnesus
波斯波利斯	Persepolis
普拉提亚	Plataea
普斯塔利亚岛	Psyttalia
品都斯山	Pindus Mountains
皮立翁山	Pelion
帕纳索斯山	Parnassus
普鲁塔克	Plutarch
佩文西	Pevensey
腓尼基	Phoenicia
波斯	Persia
巴勒斯坦	Palestine
葡萄牙	Portugal

（续表）

R	
罗马	Rome
拉美西斯	Ramses
罗纳河	Rhone River
S	
梭伦	Solon
赛米勒米斯	Semiramis
塞勒涅	Selênê
叙拉古	Syracuse
撒丁岛	Sardegna
斯巴达	Sparta
萨摩斯	Samos
西吉昂	Sigeum
解负令	Seisacktheia
斯基泰	Scythia
谢菲尔德	Sheffield

（续表）

萨狄斯	Sardis
西西里	Sicilia
萨罗尼科斯湾	Saronic Gulf
塞斯托斯	Sestos
西奈沙漠	Sinai desert
斯特里蒙河	Strymon
苏尼翁	Sounion
赛伊尼	Syene
萨拉米斯	Salamis
叙利亚	Syrian
西班牙	Spain
T	
修昔底德	Thucydides
特里波利斯	Tripolis
地米斯托克利	Themistocles
塔拉斯	Thales
忒修斯	Theseus

（续表）

第勒尼安人	Tyrrhenian
底比斯	Thebes
色雷斯	Thrace
土耳其	Turkey
塞萨利	Thessaly
战神山议事会	The Areopagus
提尔	Tyre
塔内伊斯河	Tanais River
塞尔迈湾	Thermaic Gulf
忒涅多斯岛	Tenedos
W	
征服者威廉	William the Conqueror
沃伦·黑斯廷斯	Warren Hastings
X	
薛西斯一世	Xerxes I
Y	
约克	York

（续表）

Z	
琐罗亚斯德教	Zoroastrianism
宙斯	Zeus

古欧亚帝国大事年表

<table>
<tr><th>帝国的对抗和扩张</th><th colspan="2">时　间</th><th colspan="2">事　件</th></tr>
<tr><td rowspan="6">斯巴达和美塞尼亚的对抗</td><td rowspan="6">公元前 8 世纪—公元前 5 世纪</td><td>公元前 740 年</td><td>第一次美塞尼亚战争发生</td><td rowspan="2">斯巴达在此战中侵占美塞尼亚大片领土</td></tr>
<tr><td>公元前 720 年</td><td>第一次美塞尼亚战争结束</td></tr>
<tr><td>公元前 660 年</td><td>第二次美塞尼亚战争发生</td><td rowspan="2">斯巴达在此战中巩固了对美塞尼亚的占领，并对希洛人进行残酷镇压</td></tr>
<tr><td>公元前 645 年</td><td>第二次美塞尼亚战争结束</td></tr>
<tr><td>公元前 464 年</td><td>第三次美塞尼亚战争发生</td><td rowspan="2">第三次美塞尼亚战争以美塞尼亚胜利而告终</td></tr>
<tr><td>公元前 453 年</td><td>第三次美塞尼亚战争结束</td></tr>
<tr><td rowspan="2">新亚述帝国的扩张和灭亡</td><td rowspan="2">公元前 7 世纪</td><td>公元前 671 年</td><td>亚述帝国攻占孟斐斯，统治了下埃及</td><td rowspan="2">尼科一世去世后，普萨美提克一世继位打败亚述帝国，建立了埃及第二十六王朝</td></tr>
<tr><td>公元前 664 年</td><td>普萨美提克一世击退亚述帝国</td></tr>
</table>

（续表）

帝国的对抗和扩张	时　间		事　件	
新亚述帝国的扩张和灭亡	公元前 7 世纪	公元前 612 年	米底亚和新巴比伦王国联盟	此次结盟后，尼布甲尼撒二世和米底亚公主阿米蒂斯联姻以巩固联盟
		公元前 610 年	普萨美提克一世去世，其子尼科二世继位	
		公元前 605 年	卡赫美什战役发生	在此次战役中，新巴比伦国王尼布甲尼撒大帝击败亚述－埃及联军，灭亡亚述帝国
新巴比伦和犹太的对抗	公元前 6 世纪	公元前 597 年	新巴比伦国王尼布甲尼撒二世开始征服犹太王国	历史上将这次事件称为巴比伦之囚
		公元前 538 年	至此，新巴比伦国王尼布甲尼撒二世已两次征服犹太王国	
波斯帝国的建立、扩张和灭亡	公元前 6 世纪—公元前 4 世纪	公元前 598 年	吕底亚和米底亚开始交锋	此后，吕底亚和米底亚之间时有战争，但两败俱伤，难分胜负
		公元前 585 年	米底亚君主阿斯提阿格斯将女儿嫁给冈比西斯一世	此次联姻后，阿斯提阿格斯的女儿诞下居鲁士二世
		公元前 582 年	米底亚与吕底亚结束征战状态，结为友好	

（续表）

帝国的对抗和扩张	时　间		事　件	
波斯帝国的建立、扩张和灭亡	公元前6世纪—公元前4世纪	公元前560年	克洛伊索斯继承吕底亚王位	克洛伊索斯在继承王位后开始对小亚细亚的希腊城邦进行征伐
		公元前559年	居鲁士二世统一波斯，建立阿契美尼德王朝	
		公元前550年	居鲁士二世攻克米底亚都城，建立波斯帝国	
		公元前547年	普特里亚战役发生	居鲁士二世击退来犯的吕底亚军队
		公元前546年	锡姆伯拉战役	居鲁士二世奔袭萨狄斯，大败吕底亚军队，俘虏国王克洛伊索斯，吕底亚灭亡
		公元前538年	居鲁士二世包围巴比伦城，成为西亚唯一的霸主	
		公元前530年	居鲁士二世于战争中身亡，其子冈比西斯二世继承王位	

（续表）

帝国的对抗和扩张	时 间		事 件	
波斯帝国的建立、扩张和灭亡	公元前6世纪—公元前4世纪	公元前525年	冈比西斯二世征服埃及，建立埃及第二十七王朝，即第一次埃及总督时期	
		公元前522年	波斯宫廷祭司高墨达发动暴动，废除了冈比西斯二世	
		公元前522年	大流士一世发动政变，杀死了统治波斯的高墨达，自身被推举为王	
		公元前518年	大流士一世在位实行改革，波斯国力得到增强	
		公元前517年	大流士一世进攻印度次大陆，建立印度行省	
		公元前516年	大流士一世开始在小亚细亚沿海岸攻打希腊的殖民地	
		公元前513年	波斯远征东欧的斯基泰人，占领了色雷斯	

（续表）

帝国的对抗和扩张	时间		事件	
波斯帝国的建立、扩张和灭亡	公元前6世纪—公元前4世纪	公元前500年	爱奥尼亚希腊城邦反抗波斯人，发动爱奥尼亚起义	
		公元前499年	大流士一世进攻希腊	
		公元前494年	爱奥尼亚城邦发动起义，但以失败告终	
		公元前486年	埃及爆发起义，大流士一世前往镇压而去世，薛西斯一世继位	
		公元前334年	格拉尼库斯河战役开始	此战役是马其顿军与波斯军在格拉尼库斯河的首次大规模交战
		公元前333年	伊苏斯战役发生	此战役是马其顿和波斯帝国在伊苏斯的一次交战
		公元前331年	高加米拉战役发生	此战役是马其顿和波斯帝国在高加米拉进行的一次战役
		公元前330年	马其顿国王亚历山大大帝率军进攻波斯，波斯帝国灭亡	

（续表）

<table>
<tr><th>帝国的对抗和扩张</th><th colspan="2">时　间</th><th colspan="2">事　件</th></tr>
<tr><td rowspan="8">希腊和波斯的对抗</td><td rowspan="8">公元前 5 世纪</td><td>公元前 499 年</td><td>米利都等希腊城邦发动起义，获得雅典支持</td><td>波斯国王大流士一世镇压起义后，转而准备进攻雅典</td></tr>
<tr><td>公元前 490 年</td><td>波斯帝国对雅典发动马拉松战役</td><td>此战役是波斯对希腊的第一次入侵，标志着希波战争的开始</td></tr>
<tr><td rowspan="2">公元前 480 年</td><td>波斯帝国和古希腊再次交锋，温泉关战役发生</td><td>斯巴达三百精兵誓死捍卫温泉关的事迹在历史上流芳百世</td></tr>
<tr><td>波斯国王薛西斯一世讨伐希腊，发动了萨拉米斯海战</td><td>波斯海军在此战役中遭受重创</td></tr>
<tr><td>公元前 479 年</td><td>希腊反击波斯发动普拉提亚战役，且获得胜利</td><td></td></tr>
<tr><td>公元前 478 年</td><td>雅典联合各城邦在提洛岛组成新的同盟</td><td>历史上将此次同盟称为“提洛同盟”</td></tr>
<tr><td>公元前 449 年</td><td>希腊和波斯谈判签订《卡里阿斯和约》</td><td>和约签订标志着希波战争的结束</td></tr>
<tr style="display:none"></tr>
<tr><td>雅典和斯巴达的对抗</td><td>公元前 6 世纪—公元前 4 世纪</td><td>公元前 594 年</td><td>梭伦改革开始进行</td><td>梭伦政治改革的施行废除了债务奴隶制</td></tr>
</table>

（续表）

<table>
<tr><th>帝国的对抗和扩张</th><th colspan="2">时　间</th><th colspan="2">事　件</th></tr>
<tr><td rowspan="7">雅典和斯巴达的对抗</td><td rowspan="7">公元前 6 世纪—公元前 4 世纪</td><td>公元前 509 年</td><td>克利斯提尼改革进行</td><td>克利斯提尼改革的施行确立了雅典民主政治</td></tr>
<tr><td>公元前 445 年</td><td>雅典与伯罗奔尼撒同盟缔结三十年和约</td><td></td></tr>
<tr><td>公元前 431 年</td><td>伯罗奔尼撒同盟公开对抗雅典和提洛同盟，阿希达穆斯战争爆发</td><td rowspan="2">此阶段为以雅典和斯巴达各自为首进行的伯罗奔尼撒战争的第一阶段</td></tr>
<tr><td>公元前 421 年</td><td>斯巴达和雅典签订五十年和平条约，史称《尼西阿斯和约》，阿希达穆斯战争宣布结束</td></tr>
<tr><td>公元前 415 年</td><td>西西里战争爆发</td><td>雅典远征西西里失败，也失去了海上优势</td></tr>
<tr><td>公元前 413 年</td><td>德凯利亚战争爆发</td><td>作为伯罗奔尼撒战争最后阶段的一场战争，斯巴达打败雅典</td></tr>
<tr><td>公元前 404 年</td><td>德凯利亚战争结束</td><td>提洛同盟宣布解散，雅典加入伯罗奔尼撒同盟</td></tr>
</table>

（续表）

帝国的对抗和扩张	时间		事件	
雅典和斯巴达的对抗	公元前6世纪—公元前4世纪	公元前395年	科林斯战争发生	此战役是以雅典和斯巴达各自为首的城邦同盟为阵营而进行的战争
		公元前394年	喀罗尼亚战役发生	在这场战争中斯巴达打败了反斯巴达联军
		公元前387年	科林斯战争结束	斯巴达与波斯签订以牺牲希腊利益为代价的《大王和约》
		公元前378年	雅典再次联合多个城邦组成第二次雅典海上同盟	
		公元前362年	曼提尼亚战役发生	在此次战役中，底比斯战胜斯巴达，称霸古希腊
		公元前357年	希腊同盟战争爆发	雅典为恢复海上霸权，造成同盟国分裂，导致战争爆发
		公元前355年	希腊同盟战争结束	雅典战败，海上同盟面临瓦解
马其顿的扩张	公元前4世纪	公元前359年	马其顿王国腓力二世继位	在腓力二世统治下，马其顿变成实力强大的王国

（续表）

<table>
<tr><th>帝国的对抗和扩张</th><th colspan="2">时　间</th><th colspan="2">事　件</th></tr>
<tr><td rowspan="3">马其顿的扩张</td><td rowspan="3">公元前 4 世纪</td><td>公元前 336 年</td><td>腓力二世遇刺身亡，亚历山大继位</td><td></td></tr>
<tr><td>公元前 334 年</td><td>亚历山大东征拉开序幕</td><td>亚历山大通过东征建立起一个地跨欧、亚、非三洲的庞大帝国</td></tr>
<tr><td>公元前 323 年</td><td>亚历山大大帝发热暴毙身亡</td><td>事发突然，庞大的帝国面临分裂</td></tr>
<tr><td rowspan="5">罗马和迦太基的对抗</td><td rowspan="5">公元前 3 世纪—公元前 2 世纪</td><td>公元前 264 年</td><td>第一次布匿战争发生</td><td rowspan="2">罗马战胜迦太基且占领其撒丁岛和科西嘉岛为行省</td></tr>
<tr><td>公元前 241 年</td><td>第一次布匿战争结束</td></tr>
<tr><td>公元前 219 年</td><td>伊比利亚战役发生</td><td>汉尼拔在伊比利亚对罗马实行强烈攻击，此战役是第二次布匿战争的导火索</td></tr>
<tr><td>公元前 218 年</td><td>特雷比亚河会战发生</td><td>汉尼拔在此次战役中进军意大利，获得重大胜利</td></tr>
<tr><td>公元前 217 年</td><td>特拉西美诺湖之战发生</td><td>迦太基军队和罗马军队在特拉西美诺湖畔交战，最终迦太基获胜</td></tr>
</table>

（续表）

帝国的对抗和扩张	时间		事件	
罗马和迦太基的对抗	公元前3世纪—公元前2世纪	公元前216年	坎尼会战发生	迦太基在战役中胜出，此战役为第二次布匿战争中的主要战役，也被誉为军事史上最伟大的战役之一
			诺拉之战发生	汉尼拔三次进攻诺拉城，被马塞拉斯击退
		公元前214年	诺拉之战结束	
		公元前212年	叙拉古战役发生	马塞拉斯在此战役中攻破了背叛罗马的叙拉古
		公元前202年	扎马战役发生	迦太基战败，与罗马签订和约，第二次布匿战争落下历史帷幕
		公元前149年	第三次布匿战争发生	迦太基战败，罗马地中海上霸主地位奠定
		公元前146年	第三次布匿战争结束	